见识城邦

更新知识地图 拓展认知边界

THOMAS M. SCANLON

WHY DOES INEQUALITY MATTER?

为什么不平等至关重要

[美] 托马斯·斯坎伦 著
陆鹏杰 译 张容南 校

中信出版集团 | 北京

图书在版编目（CIP）数据

为什么不平等至关重要/ (美) 托马斯 · 斯坎伦著；陆鹏杰译. -- 北京：中信出版社, 2019.7（2025.1重印）
书名原文: Why Does Inequality Matter
ISBN 978-7-5217-0372-6

Ⅰ. ①为… Ⅱ. ①托… ②陆… Ⅲ. ①道德–研究 Ⅳ. ①B82

中国版本图书馆CIP数据核字(2019)第067014号

为什么不平等至关重要

著　　者：［美］托马斯 · 斯坎伦
译　　者：陆鹏杰
出版发行：中信出版集团股份有限公司
（北京市朝阳区东三环北路 27 号嘉铭中心　邮编　100020）
承 印 者：河北鹏润印刷有限公司

开　　本：787mm × 1092mm　1/16　　印　　张：13.25　　字　　数：180千字
版　　次：2019年7月第1版　　印　　次：2025年1月第8次印刷
书　　号：ISBN 978-7-5217-0372-6
定　　价：48.00元

献给杰西（Jessie）和萨拉（Sarah）

目录

序言

本书是我的尤希罗讲座（Uehiro Lectures）的扩展修订版，我曾于2013年12月在牛津担任过该系列讲座的主讲人。我要感谢朱利安·萨伏列斯库（Julian Savulescu）和尤希罗基金会邀请我发表演讲，并感谢我当时的评论人——约翰·布鲁姆（John Broome）、大卫·米勒（David Miller）和珍妮特·拉德克利夫·理查兹（Janet Radcliffe Richards）给出了深刻的评论。

呈现在这里的想法，最早可以追溯到我1996年的林德利讲座（Lindley Lecture），题目为《对不平等的反驳的多样性》。那次讲座的内容后来发展成了一篇以《平等何时重要？》作为题目的论文，并且我把那篇变得越来越长的论文展示给了更多的听众，多到我无法把他们列举出来。我从那些场合中收到了许多评论和建议，它们都让我受益匪浅。尤希罗讲座的邀请提供了一种非常受欢迎的激励，它促使我将那篇未完成的论文扩展成三次演讲，而那些演讲的内容现在又被扩展成十个章节。

在这个发展过程的各个阶段，许多人给了我宝贵的帮助。以下诸君为我草稿中的某些章节，在一些情况下甚至是整本书的草稿，提供了有益的评论：查尔斯·贝茨（Charles Beitz）、乔舒亚·科恩（Joshua

Cohen）、约瑟夫·费希金（Joseph Fishkin）、塞缪尔·弗里曼（Samuel Freeman）、尼科·克洛德尼（Niko Kolodny）、马丁·奥尼尔（Martin O' Neill）、约瑟夫·拉兹（Joseph Raz）、阿玛蒂亚·森（Amartya Sen）、汤米·谢尔比（Tommie Shelby）、丹尼斯·汤普森（Dennis Thompson）、曼纽尔·瓦尔加斯（Manuel Vargas）和保罗·威特曼（Paul Weithman）。此外，我收到的另一些犀利而富有启发的评论，则来自2016年春季学期我的政治哲学研讨会的参与者，尤其是弗朗西斯·卡姆（Frances Kamm）和杰德·卢因森（Jed Lewinsohn）。我衷心感谢他们。拥有如此慷慨大方且让人受益的朋友和同事，真是太美妙了。我也要感谢理查德·德·费利皮（Richard de Filippi）跟我讨论了人们在医疗服务的获取途径和健康状况上的不平等，并感谢诺尔·多明格斯（Noel Dominguez）为我提供了研究上的辅助。

我一如既往地感谢我的妻子露西（Lucy）的支持。此外，在吃早餐和晚餐的时候，我曾反复尝试向她解释为什么我觉得不平等是一个如此难以著述的议题，我还要感谢她对我做出了深思熟虑且富有耐心的回应。

第一章 1

导 论

目前美国以及整个世界都盛行着某种极其严重的不平等，这种不平等在道德上可能会遭到强烈的反对。但我们并不清楚究竟为何会如此，也就是说我们并不清楚，反对不平等以及在可能的情况下支持减少或消除不平等的道德理由是什么。本书的目的就在于要更好地理解这些理由。

我们也许会想把资源从富人手中再分配给穷人。支持这种想法的一个理由是，这种方式可以让穷人过得更好，而对富人的福祉造成的代价则相对较小。这可能是支持再分配政策的一个强有力的理由，但从根本上来说，这并不是在反对**不平等**；也就是说，这不是在反对某些人的幸福水平与另一些人的幸福水平之间存在着差异。它仅仅是一个支持提高穷人的幸福水平的理由，也许还是非常强有力的理由。有些人比穷人过得好得多，这一事实之所以和支持再分配的这个理由有关，仅仅是因为，正如美国著名的银行抢劫犯威利·萨顿（Willie Sutton）在被问及为何抢劫银行时说的那样——“钱就在那儿”。

相比之下，某些理由之所以是平等主义的理由，就在于它们反对某些人的拥有物与其他人的拥有物之间存在着差异，而且它们要求缩小这种差异。接下来，我将特别关注这类理由。但这不是因为这类理由比改善穷人命运的理由更重要（它们往往不会更重要），而是因为它们更令人费解。

我们似乎很难证成（justify）* 对平等的关注。例如，罗伯特·诺齐克（Robert Nozick）就提出了一个有名的指责。他认为对平等的关注是对特定分配模式的关注，而且这种模式只能通过干涉个人做出选择、承担风险和签订契约的自由来维持，因为这些自由会扰乱这种模式。[1]
2 诺齐克问道，为什么我们要以不断干涉个人自由为代价去试图维持一种任意的分配模式呢？

当我们以这种抽象的方式来表明平等和自由之间存在着冲突时，平等似乎立即处于劣势。人们有显而易见的理由来反对干涉自由：任何人都不希望别人夺走他 ** 珍视的那些选项，也不希望别人告诉他该做什么。但反对不平等的理由则没那么清楚。人们有很好的理由希望自己的生活变得更美好。但是，他们有什么理由要去关注自己的生活与他人的生活之间的差异呢？因此，人们常常指责说，要求更大程度的平等不过体现了“穷人”对“富人”的嫉妒。

平等主义（即关注平等和不平等）的理由可以有广义和狭义之分。从广义上而言，只要某些理由反对一些人的拥有物和其他人的拥有物之间存在着差异，那么它们就是平等主义的理由。这包括那些以这种差异的后果作为依据的理由，即便那些反对后果的理由与平等无关。例如，有大量的经验证据表明，不平等会对穷人的健康造成非常严重

---

* Justify 的具体含义是证明某事物是正当的或合理的。依照国内目前的常见译法，本书同样把它译为“证成”。相应地，在大多数情况下，本书倾向于把 justified 译为“得到证成的”和“获得证成的”等；但在少数情况下，为了保持译文的流畅，本书也会把它译成“有正当理由的”。——译者注

[1] *Anarchy, State, and Utopia*, 160-4.（本书的脚注将只引用著作的标题，完整的出版信息请见参考文献。）

** 在整本书中，当讨论人物且不涉及其性别时，作者都用“他或她”（he or she）这种表述方式来避免性别歧视。——译者注

的影响。[2] 这无疑为减少不平等提供了强有力的工具性理由。这些理由虽然在广义上是平等主义的理由，但在狭义上却不是如此，因为关注不健康的理由本身并不是平等主义的理由。从狭义上而言，如果某些理由最终所依据的观念是为什么平等本身值得追求或者为什么不平等本身应被反对（objectionable）***，那么它们才是平等主义的理由。反对经济不平等的一个可能的理由是，它会让富人对穷人的生活拥有某种不可接受的控制权。如果我们认为这种控制权之所以不可接受，是因为被支配者和支配者之间形成了不平等的关系，那么这种反驳在狭义上和广义上就都属于平等主义的反驳。但如果对被控制的反驳只是基于它会导致某些机会的丧失，那么这种反驳就只是广义上的平等主义反驳。

当诺齐克指责对平等的关注是对维持某种分配模式的关注时，他 3
的这种指责主要对狭义的平等主义理由构成了挑战。但基于嫉妒的反驳则质疑人们**到底**是否有任何好的理由来反对不平等，无论这些理由是否属于狭义的平等主义理由。

只要支持减少不平等的理由在广义上属于平等主义的理由，即只要它反对某些人的拥有物和其他人的拥有物之间存在着**差异**，那么它看起来就会支持减少这种差异，即便这种做法没有让任何人过得更好，并且还导致一些人（富人）过得更糟。这种做法所体现出来的显见非理性（irrationality）构成了所谓的“向下拉平反驳”（leveling down objection）的依据。这个反驳被看作是一种拒斥平等主义而赞成优先主

[2] 参见 Michael Marmot, *Status Syndrome: How your Social Standing Directly Affects Your Health*，以及 Richard Wilkinson and Kate Pickett, *The Spirit Level: Why More Equal Societies Almost Always Do Better*。对此的讨论，参见 Martin O'Neill, “The Facts of Inequality”。

*** 作者在本书中用“objectionable”来形容某个事物应当受到我们的反对，或者说它是我们有理由来反对的对象，因此本书倾向于把“objectionable”译为“应被反对的”和“引起反对的”等。同时为了保持译文的流畅，本书在部分情况下也会把它译成“不正当的”。——译者注

义（prioritarianism）的理由，因为按照优先主义的观点，我们应当只关注改善穷人的处境，而不是关注贫富差距。[3]

要评估这些挑战，我们就得清楚地解释，人们有哪些理由来关心平等和不平等。此外，为了理解促进不平等的法律和制度到底错在哪里，以及理解改变这些制度以实现更大程度的平等如何能够获得证成，我们同样也需要这类解释。即使穷人过得更好会是一件非常好的事情，或者贫富差距的缩小会是一件好事，但通过再分配来实现这些目标却仍然可能是错误的。威利·萨顿毕竟是一个强盗，罗宾汉也是如此，尽管后者的动机比前者的动机好。

我认为，存在一些反对不平等的理由可以应对这些挑战，事实上有若干不同的理由会如此。本书的任务便是对这些理由的本质进行考
4 察。我把这一任务描述为考察反对不平等的理由，而不是考察支持平等的理由。因为这种表述方式潜在地包含了更广泛的考量，并不是所有这些考量都在狭义上属于平等主义的理由。正如我们将看到的，对不平等的一些最强有力的反驳与不平等的后果有关，而且并非所有这些反驳都基于平等的价值。

认识到反对不平等的理由具有多样性是重要的，因为这也有助于理解我们所面临的不平等在种类上的差异。收入在前百分之一的富豪和我们其他人之间的不平等是一回事；过着舒适小康生活的人和赤贫的人之间的不平等则是另一回事。种族不平等和各种形式的性别不平等，

---

[3] 参见 Derek Parfit, “Equality or Priority?”，以及 Harry Frankfurt, “Equality as a Moral Ideal” 和 *On Inequality*。对这个问题的讨论，参见 Martin O’ Neill, “What Should Egalitarians Believe” 。法兰克福（Frankfurt）的中心论点是，我们应当关注“充足”（sufficiency）——每个人是否拥有**足够**的资源过上美好的生活，而不是关注平等——某些人的拥有物与其他人的拥有物之间的差异（*On Inequality*，7 et passim）。然而，他承认我们可能有好的“派生”理由去反对不平等，这些理由并不以平等的道德价值作为依据（*On Inequality*，9，16—17）。他接着提到了许多反对不平等的理由，我将在本书的后面讨论这些理由。因此，我认为法兰克福只是在反对我所区分的狭义的平等主义理由。

仍然是不同的问题；不同国家的人民之间的不平等也是如此。这些不同形式的不平等会面临不同的反对意见，这些反对意见由我将描述的那些道德反驳以不同的方式组合而成。

我将预设一个重要的平等观念，但不会为它提供论证。这个观念也许可以被称为“基本的道德平等”，即每个人都具有道德价值，无论他们在种族、性别和居住地等方面会有哪些差异。越来越多的人接受了基本的道德平等这个观念，并扩大了它所涵盖的人员范围，这可能是几个世纪以来的道德进步中最重要的一种形式。

基本的道德平等目前被广泛地接受，即使在那些拒斥实质性的平等主义主张的人之中也是如此。例如，诺齐克就接受基本的道德平等。当他写道“个体拥有权利”时，他指的是**所有的**个体。[4] 但他否认，从道德层面上看，我们应当使人们在财富、收入或任何其他方面的状况与另一些人的状况保持平等。正是后面这种实质性的平等才是本书关注的对象。我的问题是：一些人在某些方面过得比其他人更差，这种情况什么时候以及为什么应当在道德上受到反对呢？在本章的剩余部分，我将确定几种反对不平等的理由，其中的许多理由会在后面的章节得到更详细的讨论。

地位：就应被反对的不平等而言，历史上最重要的例子是种姓制度和其他在地位上带有羞辱性差异的社会安排。在这些制度中，某些群体的成员被视为低人一等（inferior）。那些被认为最值得向往的社会职 5
务和职业都把他们排除在外。他们甚至被贬低去从事某些职业，这些职业被视为有损人格和其他群体成员的尊严。这些安排所涉及的罪恶具有一个比较性的特征：我们所反对的是以一种有损人格的方式把某些

[4] *Anarchy, State, and Utopia*, ix.

人视作**低人一等**。因此，这种反驳的核心观念是一种平等主义的观念。

在我提到的那些历史案例中，基于种姓、种族或性别的不平等，都是法律问题或根深蒂固的社会习俗和态度问题。在某些情况下，这些态度涉及这类广泛的共同信念，即某些种族的成员没有充分的道德地位，甚至他们可能“不是完整的人”，从而否定了我刚才所说的“基本的道德平等”。但这些信念对于我所关注的反驳来说并不重要。我认为，19 世纪英国的阶级制度并没有涉及这些观念，即下层阶级的成员不是完整的人或他们的遭遇在道德上无关紧要，而只涉及他们不适合或没资格担任某些社会职务和政治职务。

基于我现在正在讨论的理由，经济不平等也可能会遭到反对。因为收入和财富的极端不平等可能意味着，穷人必须以一种被合理地视为令人羞辱的方式来生活。正如亚当·斯密（Adam Smith）所指出的，如果在某个社会中，有些人比其他人穷得多，以至于他们的生活方式和着装方式使得他们出现在公众场合会感到羞耻，那么这种情况便构成了对该社会的严厉反驳。[5] 同样的，这里的罪恶也是比较性的——它不在于某些人的衣衫褴褛或住房简陋，而在于这些人用以度日和展示自己的方式只能远远地低于社会普遍接受的标准，并且这种方式给他们贴上了“低人一等”的标签。正如“普遍接受的标准”这一短语所表明的，只有当人们对一个人必须满足哪些条件才会被社会接受这个问题持有某种普遍流行的态度时，经济不平等才会产生这些影响。因此，我们应当反对的是经济不平等和社会规范的某种结合。我会在第三章中进一步讨论这种不平等。

控制：不平等之所以会遭到反对，也可能是因为它们让一些人对

[5] *An Inquiry into the Nature and Causes of the Wealth of Nations*, 351-2. 转引自 Amartya Sen in *Inequality Reexamined*, 115。

其他人的生活拥有某种不可接受的控制权。例如，如果一小部分人控 6
制着一个社会中几乎所有的财富，那么这可能会让他们对其他人的工作地点、工作方式、可购买的物品以及广泛的生活面貌都拥有一种不可接受的控制权。更具体而言，如果一些人拥有国家重要公共媒体的所有权，那么这些人可能就会对社会上的其他人如何看待他们自己和他们的生活以及如何理解他们的社会拥有某种不正当的控制权。我会在第六章、第七章和第九章来讨论对这两种控制形式的反驳。[6]

机会平等：当家庭收入和财富严重不平等时，个人在竞争性市场上的成功前景就会受到出生家庭的极大影响。这可能使得在经济上实现机会平等变得困难或不可能。人们普遍承认这是一个严重的问题，尽管他们很少讨论支持机会平等的理由。我将在第四章和第五章来考察这些理由以及它们对不平等的影响。

政治公平：财富和收入的巨大不平等也可能会破坏政治制度的公平。富人可能比其他人更有能力影响政治讨论的过程，也更有能力为自己谋得政治职位以及影响其他的公职人员。这可以看作是控制权问题的一种特殊情况，因为对政治体制的操纵是将经济优势转变为控制权的一种方式。但破坏政治体制的公平在其他方面也具有道德重要性，例如它会对法律和政策的合法性（legitimacy）产生影响。我将在第六章中讨论对不平等的这种反驳，以及讨论它在多大程度上是一个影响力的不平等问题，或者是一个影响力的机会不平等问题。

我所列举的这四种反驳清楚地表明，对经济不平等的某些反驳并

[6] 马尔默（Marmot）等人认为，不平等对健康的影响看起来主要是通过我刚才所列举的这两种不平等的后果来实现的，即社会地位低下的体验和受他人控制的体验（尤其是在工作场所之中）。参见 Michael Marmot et al., “Employment Grade and Coronary Heart Disease in British Civil Servants”，以及我在脚注 2 中所引用的其他著作。安格斯·迪顿（Angus Deaton）对此提出了质疑，参见 “What does the Empirical Evidence Tell us about the Injustice of Health Inequalities?”, 270–2。

非仅仅体现了嫉妒。它们还表明，这些反驳所要求的并不是毫无意义的向下拉平。人们有很好的理由来反对令人羞辱的地位差异、不正当
7 的控制形式和不公平的社会制度，即便消除这些东西并不会提高他们的福祉。公平的政治制度和平等的经济机会可能会导致穷人过得更好，但这不是人们想要建立公平制度的唯一理由。穷人有理由想要拥有平等的机会（即想要得到公平对待），即使这最终不会导致他们过得更好。（这是一个更深入的问题：如果机会平等意味着穷人在经济上变得更糟，那么他们是否还有**充分的**理由想要实现机会平等。）

平等的关切：我刚列举的这些对不平等的反驳都是基于不平等所产生的影响。但与此不同，还有一些对不平等的反驳是基于这种不平等的产生方式。例如，基于平等的关切（equal concern）的反驳就属于这种类型。这种反驳适用于以下这种情况：某个机构或能动者（agent）应当把一些利益给予某一群体的每一个成员，但它只把这些利益给予其中的部分成员，或者给予部分成员比其他成员更多的利益。

举例来说，假设市政当局有义务为所有居民提供铺设的道路和卫生设施。但如果市政当局在没有提供特殊证成的情况下，就向一些人提供比其他人更高水平的服务，那么这种做法就是不正当的。比如说，市政当局在富裕的街区比在贫穷的街区更频繁地重铺道路，或者在市长的朋友或某个宗教团体成员居住的地区更频繁地修整街道，这些做法无疑都是不正当的。但并不是每一次市政府投入更多的资金为一些人提供某项服务而没有对其他人也如此，就都违背了平等关切的要求。例如，如果地质因素使得一些地区比其他地区更难维护道路的通行，那么在这些地区的道路维护上投入更多的资金就不是不正当的，因为对这种做法的证成并不要求该地区居民的利益比其他地区居民的类似利

益受到更大的重视。[7] 我会在第二章讨论这一要求：我们应该如何理解它，以及它在什么意义上算作建立在平等观念的基础之上。

公平的收入分配：1965 年，在美国最大的 350 家公司中，高管的平均薪酬是其员工的平均薪酬的 20 倍。在 20 世纪的最后几十年中，这个比例迅速增长，并在 2000 年达到了 376 : 1 的高峰。2014 年，这个 8
比例仍然是 303 : 1，“高于 20 世纪 60 年代、70 年代、80 年代或 90 年代的任何时期”。[8] 此外，“从 1978 年到 2014 年，经通货膨胀调整后，高管的薪酬增长了 997%，几乎是股市增长的两倍，远远高于同期普通员工年薪的缓慢增长，因为后者只增长了 10.5%。”[9]

这种不平等看起来显然会引起反对。但它之所以引起反对，不是因为它表明了平等关切的失败。相关的利益并不是某个能动者有义务去提供但却不平等地提供的利益。相反，这些利益是人们通过某种方式参与经济而获得的利益。不过有人可能会反驳道，这些数字表明造成这种不平等的经济制度是不公平的。机会平等的缺失就可能使这种制度变得不公平。我已经提到了机会平等，并且我会在第四章和第五章进行更充分的讨论。然而，目前的反驳有所不同。反对者之所以认为这是不公平的，是基于不平等的报酬被分配给某些经济职务或职位的方式，而不是人们缺少竞争这些职位的机会。由此便提出了这个问题：这种公平会提出什么要求呢？我将在第九章讨论这个问题。

让我对上述的讨论稍做总结。我已经确定了六种理由，即六种反对各种形式的不平等以及寻求消除或减少不平等的理由：

[7] 我把这称为“平等关切的要求”，而不是“平等对待的要求”（equal treatment）。因为它并不适用于那些被提供的利益，而是适用于这些利益能够获得证成的方式。

[8] Lawrence Mishel and Alyssa Davis, “Top CEOs Make 300 Times More than Typical Workers,” 2.

[9] Mishel and Davis, “Top CEOs,” 1-2.

（1）我们之所以应当反对不平等，是因为它造成了令人羞辱的地位差异。

（2）我们之所以应当反对不平等，是因为它导致富人对穷人拥有不可接受的控制权。

（3）我们之所以应当反对不平等，是因为它破坏了经济上的机会平等。

（4）我们之所以应当反对不平等，是因为它破坏了政治制度的公平。

9 （5）我们之所以应当反对不平等，是因为政府有义务向一些人提供某些福利，但不平等违反了对这些人的利益的平等关切。

（6）我们之所以应当反对收入和财富的不平等，是因为它由不公平的经济制度所产生。

根据运气平等主义（luck egalitarianism）的观点，无论（非自愿的）不平等发生在哪里，不平等都是坏的。[10] 与运气平等主义不同，我所列举的这些对不平等的反驳都预设了不平等的相关人员之间有某种形式的关系或互动。不正当的地位不平等预设了某种关系，这种关系使得屈辱感或自尊受损成为合理的感受。因此，这种反驳就不适用于那些彼此之间没有互动的人。而基于控制的反驳仅仅适用于不平等涉及或导致某种形式的控制权。此外，基于缺乏平等关切的反驳则预设了某

[10] 例如，参见 G. A. Cohen, “On the Currency of Egalitarian Justice” 和 Richard Arneson, “Equality and Equal Opportunity for Welfare”。这种观点是帕菲特（Parfit）在《平等还是优先？》（“Equality or Priority?”）这篇文章中所说的“目的论的平等主义”（Telic Egalitarianism）的一个例子。“运气平等主义”这个术语是由这一观点的批评者——伊丽莎白·安德森（Elizabeth Anderson）在《平等的要点是什么？》（“What is the Point of Equality?”）这篇文章中创造出来的。安德森支持的平等观与我的看法一样，都是一种关系性的观点（参见她的文章第 313 页及其他页码）。对此的批判性讨论，参见 Samuel Scheffler, “What is Egalitarianism?”。

个能动者或机构有义务去提供相关的利益。最后，基于干预经济机会和干预政治平等的反驳，以及基于不公平的收入分配的反驳也都预设了相关人员参与或服从某种制度，而公平的要求适用于这种制度。一旦我们将不平等与所有这些关系因素和制度因素分开，那么我们就不清楚不平等是否应当受到反对了。[11]

在反对不平等的这些理由当中，有许多理由只适用于负有某些义务的制度，或只适用于与某些正义的要求相关的制度。这个事实可能会使读者把我的观点等同于托马斯·内格尔（Thomas Nagel）所说的“正义的政治概念”，即正义只适用于民族国家的边界之内。[12] 但我的主张在很多重要的方面都与这个概念不同。我所描述的反对不平等的理由并非都以共享的制度为前提，并且在涉及制度的情况下，这些制度既 10
不需要与某个国家具有相同的范围，也不需要由某个国家来强制执行。例如，我在第八章中讨论的那种经济制度就不受国界的限制。

除了我所列举的这些理由，我们可能还有其他理由来支持平等或反对不平等。但我将集中讨论我所列出的这些反驳，因为它们对我来说很重要，尤其因为它们建立在某些价值的基础之上，而这些价值带来了一些有趣的规范性问题。并非所有对不平等的反驳都会带来这样的问题。例如，正如我之前提到的，不平等之所以应当被反对，可能是因为它会损害健康。[13] 有人也可能论证，更大程度的平等之所以值得向往，是因为不平等会导致社会不稳定，或者因为平等会培养更强烈的团结意识和为共同利益努力的意愿，从而有助于提高经济效率。如

---

[11] 尤其是，G.A. 科恩（G. A. Cohen）在《社会主义有何不可呢？》（*Why Not Socialism?*）这本书里对不平等的反驳，就极大地依赖于某种特殊的个人关系，即他的野营旅行例子所涉及的那种个人关系。

[12] “The Problem of Global Justice.”对这个概念的批判性讨论，参见 Joshua Cohen and Charles Sabel, “Extra Rempublicam Nulla Justitia?”，以及 A. J. Julius, “Nagel’s Atlas”。

[13] 参见脚注 2 中所引用的著作。

果这些主张背后的经验假设是正确的，那么我们就有很好的理由把不平等视为一件坏事。然而，我不是在讨论这些理由，因为它们诉诸的价值对我而言并没有任何令人困惑的地方。例如，关于“不健康是不是坏的（bad）”，这个问题就没什么好追问的。所以这些反驳是否适用纯粹是经验性的问题。

当然，有人可能会坚持主张，我们根本就不应当反对当下社会的这种严重的不平等。因为这种不平等来自个人自由的合法运用，并且那些试图减少这种不平等的措施都是对这些自由的不正当干涉。我将在第七章中讨论这种反驳，并考察这种反驳可能会依据的那些自由的观念。对经济不平等的另一种可能的证成是，那些拥有更多财富的人应得（deserve）更多的报酬。我会在第八章考察应得这个观念，并探究它是否可以作为对经济不平等的证成，或者是否可以作为对经济不平等的反驳。

在第九章中，我将审视某种关于不公平的观念，即我刚提及的最后一个反驳所依据的那种观念，并且我会探究这种基于不公平的反驳和我讨论过的其他反驳如何应用到近期美国和其他发达国家不平等的加剧。第十章是对本书主要论题的总结。

第二章 11

平等的关切

在第一章中，我将违反平等关切的行为列为一种应被反对的不平等现象。我提及以下这些情况作为例子：市政府为市民提供了诸如铺路、卫生或公共交通等公共服务，但它为一部分市民所提供的服务水平却远远低于它为另一部分市民所提供的服务水平。而后者之所以受到青睐，可能是因为他们的政治观点或宗教观点，也可能因为他们是重要公职人员的朋友。

对不平等的这种反驳预设了某个能动者有义务把一些福利提供给某一群体中的每一个人。（在此究竟预设了什么样的义务，这是一个有待进一步讨论的问题。）因此，这种反驳就只适用于这种不平等，即不平等来自该能动者未能成功地向这个义务所针对的全部对象履行这个义务。

例如，考虑以下这些事实。在美国，男性的预期寿命是 74.2 岁；在中国，男性的预期寿命则是 70.4 岁；但在马拉维，它只有 37.1 岁。这让人感到震惊，并且迫切需要人们采取某些行动。也就是说，最后这个关于马拉维人的预期寿命的事实令人感到震惊，并亟须人们采取行动。人们经常认为这是一个不平等问题，有时候还把它称为“国际预期寿命差距”。然而，尽管这些事实非常令人不安，但我不认为在这个例子中，不平等是我们所要反对的对象。

马拉维人的预期寿命如此之低是非常糟糕的。但中国人和美国人的预期寿命要高得多，这一事实具有什么相关性呢？这种差异之所以是相关的，仅仅可能因为它表明人类不必这么早就死去。鉴于目前可资利用的技术，人类能够活得更久，并且在更为有利的条件下确实也活得更久。所以，马拉维男性的低预期寿命现象令人震惊的一个原因是，
12 它是能够避免的。但把这种情况称为“国际预期寿命差距”意味着这三个国家的男性在预期寿命上的巨大差异本身就具有根本的道德重要性，而它具有这种重要性对我而言则是不明确的。在我看来，重要的只是马拉维人的低预期寿命，而不是它与其他国家的人民在预期寿命上的差距。

相比之下，让我们来考虑美国人的预期寿命在地区和种族上的差异。在美国预期寿命最长的前 10% 的县，77% 的白人男性活到了 70 岁，而出生在这些县的黑人男性只有 68% 的人活到了这个年龄。在预期寿命最短的前 10% 的县，情况更糟糕。在这些县出生的白人男性，61% 的人活到了 70 岁，而黑人男子只有 45%。[1] 根据疾病控制和预防中心 2013 年的报告，美国白人每 10 万人中有 1.2 例肺结核病，而黑人每 10 万人中有 10.2 例肺结核病。白人婴儿死亡率为 5.8‰，黑人则为 13.7‰。[2] 这些特征可能部分是由贫困造成的，但它们只要是由以下这个事实导致的，那么它们也提出了平等的问题，特别是平等关切的问题：公共机构在履行提供医疗护理和其他公共卫生条件的义务时，比起黑人和其他地区的人，这些机构向白人和某些地区的人更充分地提

[1] Mark R. Cullen, Clint Cummins, and Victor R. Fuchs, “Geographic and Racial Variation in Premature Mortality in the U.S.: Analyzing the Disparities.” 引用的数字来自 1999—2001 年的死亡率。

[2] CDC, *Health Disparities and Inequalities Report-United States*, 2013.

供了这些好处。一种更普遍的种族歧视态度在解释这种医疗差别时起到了重要的作用，正如在我所提及的其他例子中，不平等的对待方式也可以通过特殊的偏袒形式来得到解释一样。但即便我们可以解释这些例子所共有的这种不平等的关切，它在道德上仍然应当遭到反对。

说国际预期寿命差异之所以应当遭到反对，不在于它所包含的不平等（或至少说，比起美国国内预期寿命的种族差异，这种不平等是基于不同的理由而遭到反对的），这并不是在说，这些国际差异不会引起正义的问题。比方说，如果马拉维人的低预期寿命是由贫困引起的，并且这种贫困是殖民国家掠夺自然资源造成的，那么这就是不正义的行为所导致的结果，而不仅仅是一种不幸的情况（例如干旱或海啸所造 13
成的结果），即便其他国家有人道主义的理由来帮忙缓解这种不幸。但根本的反驳仍然不是不平等的问题。如果我的钱之所以比你的钱更少，是因为黑客盗窃了我的银行账户，这当然是糟糕的，但糟糕的理由却不是基于它所涉及的不平等。如果导致第三世界国家的人民形成低预期寿命的这种贫困，不仅是过去殖民活动的产物，而且也由当前不正义的国际贸易体制所造成，那么在解释这些体制为什么不正义时，平等的观念或许能够发挥某种作用。但这并不是关于预期寿命的事实本身所暗示的平等问题。我的观点是，关于美国人在预期寿命上的种族差距，这些事实提出了一个独特的平等问题，但国际预期寿命差异的例子似乎并没有涉及这个问题，它提出的是另一种严重的道德问题。

假设美国人的预期寿命因某种新疾病的出现而缩短了，从而减少了相关的不平等，但预期寿命的国际差异所引起的反对却不会因此而有所减少。然而，这一事实并不表明对国际预期寿命差异的反对不是基于它所涉及的不平等。因为假设美国白人男性的预期寿命出于同样的原因也缩短了，但美国健康状况的种族差距所引起的反对同样也不会因此而有所减少。这种差距之所以引起反对，并不在于不平等这一纯粹的事实，而在于造成不平等的那种因素——对平等关切的违背。

我在第一章中描述并捍卫了一种关于平等和不平等的关系性见解（relational view），上述的讨论也阐明了这种见解的一个总体观点。无论是在国际还是国内的例子中，它们引起反对的地方都不在于预期寿命不平等这一纯粹的事实。从根本上讲，考虑到现有的知识和技术，这两个例子之所以引起反对，是因为有些人的寿命比他们本来能够拥有的寿命要短得多。只有当不平等能够说明造成这些差异的制度或其他因素之所以会引起反对，不平等才是相关的。国际例子和国内例子的区别就在于，在国内的例子中，预期寿命的差异是由重要制度未能满足平等关切的要求造成的，而国际的例子则并非如此。[3] 如果这种应该遭到反对的不平
14 等减少了，那么对当前情况的**一种**反对意见也将减轻，即便这会降低白人能够获得的医疗服务水平，并且也没有提高黑人的预期寿命。[4] 这在总体上是否可被证成，则是一个更深入的问题。

本章的目的是更详细地考察平等关切这一要求，特别是理解它所涉及的平等观。如果一个机构对其公民的义务只要求它以某种方式对待这些公民（例如不去侵犯他们诺齐克式的权利），那么即使这项义务平等地归于所有公民，平等的观念也难以解释当这项义务只为一些人而没有为其他人履行时所涉及的错误。在这种情况下，这个机构对待某些

---

[3] 平等关切的要求可被理解为意指许多不同的事物。例如，罗纳德·德沃金（Ronald Dworkin）就把它理解为这种要求，即政府的法律和政策必须以平等对待每个公民的方式来获得证成。（参见 *Sovereign Virtue*, 6。）我会接受这一要求，因为它提供了一个框架，并且在此框架之内，我要讨论的那些对不平等的反驳全都可以被理解。但我将用“平等的关切”这一术语来确定违反这项规定的一种具体的方式，即没有平等地履行某项义务，从而导致某些利益的不平等供应。并非所有我要讨论的对不平等的反驳都依赖于这种义务。总体而言，那种被德沃金视为起点的平等关切的观念，会通过以下这两种方式来反对不平等的结果：当我们关注政府负有义务去提供利益时（正如本章所谈论的），它以一种方式提出了反驳；而当我们关注证成一个经济合作体制时（正如第九章所讨论的），它则以另一种不同的方式提出了反驳。

[4] 我感谢詹姆斯·布兰特（James Brandt）在讨论中强调了这一点。

人的方式是错误的，因为它侵犯了他们的权利；而且无论它是否侵犯了其他人的权利，它同样都是错误的。这些公民都享有“平等的权利”（也就是说，**相同的**权利）。但是平等的观念并不能解释为什么侵犯这些权利是错误的。

一些人主张，平等的观念——或者至少我所说的“平等关切”的观念——是空洞的。因为那些看起来违反了这一要求的行为，它们的错误之处总是可以通过这种方式而被解释为它们侵犯了一些根本的、非比较性的权利。[5] 但我认为在某些情况下，平等在解释不平等关切的错误之处时，确实会发挥更重要的作用。

考虑基础教育经费不平等的问题。美国每一个州的宪法都会要求该州为所有儿童提供基础教育。例如，新泽西州的宪法写道：“立法机 15
关应规定：维护和支持一个全面有效的免费公立学校体系，用以指导该州所有5岁至18岁的儿童。”[6]新泽西州最高法院认为，这一要求“必须被理解为包含了当代背景下所需要的教育机会，以便为儿童作为公民和劳动力市场的竞争对手做好准备”。[7] 如果州政府没有为某些儿童提供这种程度的教育，那么这会违反一项具体的、非比较性的要求。因为新泽西州多年来一直都是如此，所以这导致了新泽西州的最高法院面临一系列的案件。[8] 但如果州政府向所有儿童都提供了这种程度的教育，尽管有些儿童还有机会接受由父母或私立学校所提供的额外教育，

---

[5] 参见 Peter Westen, “The Empty Idea of Equality”。尽管韦斯顿（Westen）的文章标题提到了“平等”，但作为宪法律师，他在写作此文时主要关注的是“平等对待”这个特殊的观念，也就是我所说的“平等关切”。对于比较性的错误和非比较性的错误这个问题的更一般性的讨论，参见 Joel Feinberg, “Non-Comparative Justice”。

[6] New Jersey Constitution, Article VIII, Section IV.

[7] *Robinson* v. *Cahill* 62 N.J. at 515.

[8] 关于新泽西州的这个争论，对此的概述可参见 “School Funding Cases in New Jersey,” <http://schoolfundinginfo/2015/01/school-funding-cases-in-new-jersey>。关于堪萨斯州的类似争论，参见 “School Finding Cases in Kansas,” <http:// schoolfunding.info/2015/01/school-funding-cases-in-kansas-2>。

这种情况并不会违反**这项**非比较性的要求。然而，如果州政府本身只为一部分儿童提供某种高于最低限度的教育，而没有为所有儿童提供类似的教育，那么这将违反平等关切的要求。[9] 这种比较性反驳的合理性看起来依赖于这个事实，即教育是一种竞争性的好处。如果一个州的一部分学生接受了更高程度的教育，那么这将使其他人“作为劳动力市场的竞争对手”而处于劣势。但我认为针对这种不平等对待的比较性反驳并不依赖于这种竞争因素。

为了理解这一点，我们不妨考虑另一个例子，即对防止错误定罪的程序保护。一个法律制度之所以是不正义的，一种可能的原因是它未能充分地提供这种保护。美国的法律制度在这种非比较性的意义上是不正义的，因为贫穷的被告人（尤其是黑人）缺乏足够的保护来避免
16 被错误地定罪。他们往往缺乏充分的法律辩护，而且经常被迫接受他们本不应该接受的辩诉交易（plea bargains）。

任何一套程序保护都是不完美的，并且都有进一步改善的空间。但我假定有某种程度的（不完美的）保护，它使得一个为每个人都提供这种保护的法律体系不会受到这种非比较性的程序不正义的指责。但是，如果这种制度为一些公民提供了比其他公民更高程度的程序保护（例如，如果对某一社会阶层或某一宗教成员的刑事指控必须有更高标准的证据作为支持），那么在缺乏某些特殊证成的情况下，这在**比较性的**意义上就是不正义的。即使这种法律制度不会侵犯非比较性的权利，但它也没有提供“法律面前的平等正义”。

这一分析同样适用于我前面提到的例子，即医疗、铺路或教育等

[9] 一个允许更富裕的学区提供更高教育水平的教育经费制度，是否违反了平等关切的要求，这将取决于以下这个问题：这个经费制度作为一个整体是否被视为州政府的一个政策，并且州政府通过这个政策来履行提供教育的义务；或者与此相反，提供更好教育的市政当局是否被视为独立的能动者，例如被视为家长的私人团体。

公共服务的不平等供应。也许政府具有一种（非比较性的）义务为所有人提供这些服务，以便保障所有人在这些服务上都能达到某种最低水平。但不管政府是否具有这种义务，只要政府在缺乏特殊证成的情况下，向不同的群体提供了不平等的服务水平，那么这便违反了平等关切的（比较性）要求。在很多情况下，这些对待方式上的差异可由种族偏见和种族歧视的背景来加以解释，而这些偏见和歧视本身在道德上就是不正当的。但是，基于那些非比较性的或比较性的理由，不充分的或不平等的供应水平就会是错误的，并且那些理由独立于这种不正当的背景条件。因此，这些情况可能涉及三种类型的错误：一是没有充分提供某些福利的非比较性错误，二是不平等关切的比较性错误，三是种族歧视的错误。

这些不同的错误有时候会难以分解。让我们来考虑一下种族脸谱化（racial profiling）的情况。例如，在警察拦截和搜查汽车的实践活动中，他们需要依据司机的潜在犯罪证据来证成这些拦截和搜查的行为，但是他们针对黑人司机所需要的证据却少于针对白人司机所需要的证据。这显然违反了平等关切的比较性要求。但它同时也可能是一种非比较性的错误。如果政策要求警察需要获得某种程度的证据才能证明拦截白人司机是正当的，而且这种程度的证据为人们提供了某种最低限度的保护，使得人们免受这种拦截的干扰，并且这是每个人都有资格获得的保护。那么，允许警察依据较少的潜在犯罪证据去拦截黑人司机，17
这种做法就既是一种非比较性的错误，也是一种不平等对待的不正当形式。某种关于种族歧视的一般背景或许可以解释这些比较性的和非比较性的错误，但这些错误是某些更一般形式的错误，并且也独立于种族歧视这一特定的原因。

当政府为某些人投入比其他人更多的资源，以便提供某种特定的福利时，仅凭这一事实并不足以表明政府违反了平等关切的比较性要求。如果地质因素导致一些地区比另一些地区更难维护道路的通行，那么政府在这些地区的道路上投入更多的资金，这种做法并没有反映出政府在这些地区的居民和城里其他地区的居民之间存在着不平等的关切。同样，如果市政当局在特殊教育的班级比在非残疾学生的班级投入更多的资金，这也没有违反平等的关切，因为这并不表明有特殊需要的儿童的利益比其他儿童的利益受到更大的重视。

就我迄今所考虑的情况而言，例如公共卫生、铺路、教育和对错误定罪的保护等，我都假定了政府有特定的义务来提供这些福利，至少有义务使人们在这些方面达到一定的福利水平。而只要这些供应的成本不是特别高，那么这种假定看起来就是合理的。但即便一些机构没有义务去提供某种特定的好处，只要这些机构负有一般性的义务去为某个群体提供福利，那么平等关切的要求也能够适用于这些机构。有一些福利是政府可以选择是否要提供的，例如公共游泳池、溜冰场和高尔夫球场或许就属于这种福利。然而，一旦政府提供了这种福利，那么它就不能只让一部分公民可以合法地获得这种福利。而且我想说，如果政府提供这些设施的方式会导致只有某些社区的居民才有机会使用这些设施，那么它可能也会遭到反对。

不过，这并不意味着政府所做的一切工作都必须平等地使所有公民受益。我们可能需要某些政府设施，例如行政大楼或军事机构。这些设施通过服务于一般的公共目的，从而为所有人都提供了福利。但除此之外，它们还可以为其所在地的居民提供额外的福利，例如增加就业机会。这本身并不违反我所描述的平等关切的要求，因为相关的设施为一些人所带来的这些福利并不是建设它们的理由（这与我提到的诸如娱
18 乐设施等其他情况恰好相反）。对建设这些设施的证成反而依据的是它

们给所有人都带来的那些福利。军事设施和其他公共建筑必须建立在某个地方，所以不可避免地会给当地居民带来一些福利。一些公民获得了这些福利，这个事实本身并不违反平等的关切。但是，如果公共设施始终在某一个地区建造，并且缺乏任何其他的证成，那么这看起来就反映了政策更偏袒该地区公民的利益，而非其他公民的类似利益。因此，这项政策便违反了我正在讨论的平等关切的要求。

为什么福利的比较水平会以这种方式引起重视？如果相关的好处是竞争性的，那么我们可以理解平等的相关性，因为提供更高水平的好处会使一些人比其他人更占有优势。从这个意义来说，教育是一种竞争性的好处，但诸如铺路和照明之类的公共服务则不是。比起不健康的人而言，更健康的人确实具有一种竞争优势，并且在此基础之上，医疗服务的获取途径便可以作为机会平等的组成部分而获得证成。[10]但在我看来，这似乎不是对医疗服务的不平等供应的唯一反驳。问题在于，在涉及非竞争性好处的情况下，我们为什么应当反对不平等的供应呢？

事实上，平等**对待**（treatment）的要求看起来容易遭到某种版本的向下拉平反驳。正如约瑟夫·拉兹（Joseph Raz）所说："平等主义的原则常常导致浪费。"[11]拉兹说，如果我们无法把某种好处平等地提供给每一个人，也许是因为我们没有足够多的好处可用来分配，那么平等主义的原则会要求我们不把它提供给任何一个人。

这一反驳的合理性来自拉兹对平等主义原则的特殊理解方式。拉兹把平等主义原则的典范形式理解为："如果有些 F 拥有 G，那么所有

---

[10] 正如诺曼·丹尼尔斯（Norman Daniels）对此所提出的论证。参见他的 *Just Health Care*。
[11] *The Morality of Freedom*, 227.

没拥有 G 的 F 就都有获得 G 的权利。”[12] 这个表述在几个重要的方面不同于我所理解的平等关切的要求。首先，拉兹所说的平等主义原则简单地适用于人们所**拥有**的好处，而不管这些好处是怎么产生的。相比之下，我所捍卫的平等关切的要求只适用于单个能动者对好处的**供应**。
19 其次，正如我所说的，平等关切并不总是要求能动者向个人提供同等数量的好处。只有在以下这种情况，某些福利的不平等供应才会违反平等的关切：如果所有受影响的人的利益都获得恰当的重视，那么这种不平等的供应将无法得到证成。换言之，在以下这些情况，不平等就不一定与平等的关切不相容：我们没有足够多的好处来平等地让每个人受益；或者，为一些人提供与其他人同等水平的福利，这种做法在其他方面是无法实现的或困难重重的，甚至（像我所说的那样）会带来特别高的代价。虽然在一些例子中，拉兹关于“浪费的指责”看起来具有初步的合理性。但在我看来，平等关切的要求所具有的这种灵活性能够很好地处理这些例子。

通过考虑另一种不同的反驳，我们可以更清楚地说明这种情况。当某种不平等得到“好的理由”的支持时，这种不平等的对待便与平等关切的要求相容。这一事实似乎表明，我所捍卫的平等关切只是一种**有限度的**（pro tanto）要求，并且在我描述的那些情况下，这种要求被压倒（overridden）了。就某些好处而言，例如对错误定罪的保护，这看起来特别令人不安。作为回应，我需要多谈一谈在应用平等关切的要求时所涉及的利益权衡问题。

在我讨论的那些情况下，道德所要求的那种关切具有两方面内容：一个是非比较性的，另一个是比较性的。一项政策可能缺乏对某些人的

---

[12] Raz, *Morality of Freedom*, 225.

关切，而这种关切的缺失之所以是不正当的，可能基于以下两种理由：第一，与其他价值相比，证成这项政策的方式没有**充分地**重视这些人的利益；第二，这些人的利益比其他人的类似利益受到**更少的**重视。我们可以用对错误定罪的程序保护为例来说明这两种反驳。一个法律制度可能会因为它没有为被告人提供道德所要求的那种保护而遭到反对。也就是说，比起提供这些保护所需要的成本，它没有充分重视被告人免受错误定罪的利益。不过正如我所说的，即便一个法律制度对所有人都提供了充分的保护，但只要它对一些人提供更高程度的保护，并且这表明它更重视保护这些人的利益，那么它也会遭到反对。

因此，一些考虑因素便可以通过上述这两种途径来为某些对待方式提供“好的理由”，否则这些对待方式就会遭到反对。这些考虑因素 20
有可能提供足够好的理由来支持为一些人提供某种低于最低水平的好处，因为这些理由比那些支持提供最低水平的好处的理由更重要。当然，哪些考虑因素才算是支持这种做法的好理由，这显然会因相关好处的重要性而有所不同。某些考虑因素会比人们从一种适当水平的道路翻新中所获得的利益更重要，但要比人们从避免错误定罪的保护中所获得的利益更重要则无疑会困难得多。这里的要点仅仅是，如果我们具有这种好的理由，那么即便我们没有以通常要求的最低水平来提供某种好处，这也不意味着我们没有充分重视人们从拥有这种好处中所获得的利益。

另一个问题是，一些考虑因素如何能够成为好的理由以便支持向一些人提供比其他人更多的好处（当两者都高于最低水平时），以及这需要满足哪些要求。虽然某项政策的实施导致了某种好处的不平等供应，但支持这项政策的理由却可能与这种好处给受其影响的人带来的福利无关。例如，一个地区可能需要更高质量的道路，以便为该地区工业厂房服务的卡车能够使用这些道路。一些居民也可能因为附近的科研机构需要架线而获得了更好的宽带通讯。当应用这些理由去提供更好的服务时，这种做法并不会违反平等关切的要求，因为对这种做法的证成没有涉及某些人的利益比其他人的类似利益受到更大的重视。

这里的要点在于，当某些考虑因素以这种方式来证成对好处的不平等供应时，它们的证成方式并不包含压倒平等关切本身的要求。恰恰相反，这些考虑因素与个人利益之间的权衡方式表明，即使福利的供应不尽相同，这些个人利益也都得到了平等的考虑。

把权衡互相竞争的考虑因素纳入平等关切本身的范围之内，这似乎走得太远了。[13] 例如，假设一项亟须的军事拨款法案包含了这项规定：它要求把它将购入的所有设施都放置在该国的某一个地区。这项
21 规定有利于该地区居民的利益，但它缺乏任何证成，所以这项法案看起来违反了平等关切的要求。但受益地区的立法者坚持执行这一规定，否则他们将阻碍法案的通过。再假设，考虑到全体公民的利益，这项法案的通过（而非不通过）经综合权衡之后会获得证成，那么基于我所提议的推理方式，这项法案的通过似乎最终仍然符合平等关切的要求。这个明显的悖论可以通过这个区分来加以解释，即区分法案本身是否符合平等关切的要求，以及在特定的条件下，**该法案的通过**是否符合这一要求。我认为第一个问题的答案是“否”，而第二个问题的答案是“是”。

这个例子也提供了一个很好的时机来防止误解，因为我给这个要求所起的名称可能在某个方面会误导别人。“平等的**关切**”可能暗示，它要求某些能动者具有某种（关切的）态度。但这是不正确的。一个行

[13] 我感谢杰德·卢因森（Jed Lewinsohn）提出这个可能的反驳。

动或一项政策是否符合平等关切的要求，取决于支持它的理由：当以正确的方式来考虑所有受影响人员的利益时，它是否可被证成。而在我们刚才所考虑的情况之中，无论我们是将这个要求应用于一项政策，还是应用于在某些情况下制定这项政策的决定，这一点都同样为真。这个要求关注的是支持这一决定的理由，而不是决策者的态度。

确定一项政策是否与平等关切的要求相容，这涉及权衡人们拥有相关好处所带来的利益和其他相互竞争的考虑因素。而这一事实似乎有可能使这一要求沦为一项非比较性的要求，即每个人的利益——如他的诺齐克式权利——应受到应有的（due）重视。但情况并非如此。正如我所解释的，平等关切的要求依然保留了它的比较性特征。因为在某些情况下，一些人的利益应当受到某些能动者的**适当**重视，这不仅要求这些利益应当受到充分的重视，而且还要求这些利益应当受到与（某些）其他人的利益**相同的**重视。

这就提出了这项平等关切的要求何时适用的问题。我说过，它适用于有义务为某些人提供福利的能动者。但是什么样的能动者负有这种义务呢，以及他们对谁负有这种义务呢？我对这个问题缺乏一般性的答案。幸运的是，对于我当前的有限目的而言，我不认为这样的答 22
案是必需的。我在这本书的目的是确定对不平等的各种反驳，以及确定这些反驳所依据的平等观（如果有的话）。本章的目的是审视这样一个具体的反驳，即反驳因违反平等关切的要求而引起的不平等。因此，就当前的目的而言，提供理由使人们相信存在着这种义务，这就足够了，而这种义务确实也解释了我们对于不平等持有一类独特的反驳。

在我看来，我所列举的这些例子使得以下这两点看起来非常合理：第一，地方政府和各国政府对其公民负有这种义务；第二，平等关切的要求由这种义务而产生。让我再举一个例子：如果在当下，德国西部的学校比东部的学校拥有更多的经费，那么这至少会引起基于不平等关切的初步反驳。但是，当民主德国和联邦德国是两个独立国家的时候，这种反驳就会变得不合理。

通过概述政府为什么应当遵守这项要求，我们可以对上述这个诉诸案例的论证提供一些支持。如果政府所行使的权力——制定和执行法律以及要求公民纳税的权力——依赖于他们为公民所提供的福利，那么这些福利就必须提供给**所有**公民（所有被要求守法和纳税的人）。否则其他人就没有理由接受政府权力的这种证成方式。此外，在证成政府的政策时，为什么有些公民应该接受其他人的利益比他们的利益更重要呢？尤其是他们还被要求应当通过纳税和遵守其他法律来一起支持这些政策。

如果我已经表明了这一点是合理的，即政府对其公民应当遵守平等关切的要求，那么这就足以确立我在本章中的主要观点。不过，我怀疑这种义务并不局限于政府，父母对其子女也负有这种平等关切的义务。但我并不认为这种平等关切的要求能够普遍地适用到个体身上，即便个体有义务去帮助那些比自己更不幸的人。如果我捐出一大笔资金来帮助某个国家的穷人，那么我可能会受到这种优先主义的反驳：我
23 本来应当帮助其他地区的人，因为他们更需要得到帮助。但我认为，我不会因为我只向一些人提供了援助，而没有向其他有同等需求的人也提供援助，从而遭到一种基于不平等关切的指责。

私人机构是否以及什么时候可能负有这种义务，这是一个有趣的问题。举例来说，即便某个慈善机构的设立只是为了帮助某些大学，它也不会因为它没有对其他大学的需求给予同等的重视而遭到反对。同样，即使某个基金会的成立只是为了研究和治疗某一种疾病，它也不会因为它没有关注那些患有其他疾病的人而遭到反对。但是，如果它已经征集捐款并在此基础之上寻求免税的地位，同时它又只为某一地区的居民提

供帮助，而忽视其他地区那些患有相同疾病的人，那么它可能会遭到反对。然而，这一反驳似乎与适用于政府的平等关切要求有所不同，因为它看起来是基于捐助者的要求，而不是基于对受益人所负有的义务。[14]一个更好的例子可能是工会，因为正是工会的成员建立并支持着工会。我们似乎可以合理地说：第一，工会必须遵守这一要求，即它的决策和政策应当可被证成地把所有成员的利益都纳入考虑之中，并平等地重视这些利益；第二，这项平等关切的要求是工会对其成员所负有的义务，并且在这种情况下，这些成员既是受益人，也是贡献者。

每当平等关切这一义务所适用的对象要求他们的利益得到平等的考虑时，这个不偏不倚的要求通常会伴随着对**偏袒**（partiality）的允许。由于某些人并非平等关切的适用对象，所以偏袒会使得这些人的利益比其他人的类似利益得到更多的关注。这便引出了这个问题：这种偏袒是否与我在第一章中所说的“基本的道德平等”这一观念相容？在此，基本的道德平等指的是每个人在道德上都很重要。我相信这些观念事实上是相容的。尽管每个人都具有道德价值，但没有任何一种普遍的道德要求会规定我们作为个体在做出每一个决定时，都要平等地重视每个人的利益。这种规定会带来难以置信的约束，它甚至不可能实现。

声称各国政府对于境外人员的利益也负有这种关切的义务可能会 24
更合理。而另一个更强硬的主张则是，我们作为个体确实负有这种义务，并且对政府的一种证成形式就在于政府为我们提供了一种履行这一义务的方式——这种方式不仅比个体的行动更有效，而且不同于我已经提过的那种针对个体的普遍义务，这种方式不会具有侵扰性。

即便对于某些好处的供应，例如提供健康所需的条件和体面生活

[14] 我感谢安德鲁·戈尔德（Andrew Gold）指出了这一点。

所需的经济商品，政府负有上述这种平等关切的义务，但对于另外一些好处的供应，政府还会对其公民负有其他特殊的平等关切的义务。这些另外的好处包括需要由当地提供并受当地决策所支配的好处，例如铺路和教育，而且通常还包括政府有责任通过民主程序来提供的那些更进一步的好处。

如果各国政府负有一种更广泛的义务向境外人员提供某些好处，那么这一特定的义务所适用的对象便能够提出平等关切的要求。但各国政府是否负有这种义务，将取决于这种义务的缺失会带来道德上难以承受的后果这一事实是否构成了对这种义务的证成。如果这一事实确实构成了对这种义务的证成，那么这个主张将在一定程度上依赖于另一个相关的主张，即这种义务是防止这些后果的有效途径。而这个相关的主张又将取决于外来者能够有效地提供哪些好处。

这使我回想起我一开始对国际预期寿命差距和国内预期寿命差距所做的对比。我们可以论证，预期寿命的国际差异以不同的方式提出了不平等对待的问题。或许造成这些差异的原因，并不是任何现有的单一机构没有平等地重视不同人群对医疗服务的需求和对其他健康条件的需求。但即便如此，我们也可以说，我们需要建立某个有义务为所有人提供这些好处的机构。

通过下述这两个步骤的论证，我们可以得出一个关于应被反对的不平等的结论。第一步是这个（非比较性的）主张：为了让许多人的利益得到充分的重视，这个负有普遍义务的机构是必需的（并且这是确保这些利益得到满足的有效途径）。第二步则主张，目前存在的这种国
25 际差距违反了平等对待的要求，而这个机构应当遵守这个要求。但是，即便这个论证是正确的，我认为情况依然如此：在目前的条件下，我们对国际预期寿命差距的反对，针对的并不是它所涉及的不平等。

第三章 26

地位不平等

种姓制度以及带有种族歧视或性别歧视的社会都是应被反对的不平等的典型例子。我们可能有若干理由来反对这类社会。在这一章中，我关注的是这种反驳：它建立在这类社会所包含的地位不平等的基础之上。我的目的是更详细地考察这一反驳，并考虑我们如何以及在什么条件下，能以类似的理由来反对经济不平等。我也将考虑，一个彻底任人唯才的（meritocratic）社会是否会受到这类反驳。

在有种姓和等级差别的社会中，以及在带有种族歧视的社会里，有些人会仅仅因为他们的出生背景就无法获得有价值的就业形式。他们还经常被剥夺基本的政治权利，例如选举权和参政权，而且正如我在第二章中所说的，他们往往也无法获得某些重要的公共服务——这些公共服务本应提供给所有人。此外，当我所说的**“团体性的好处”**（associational goods）涉及其他群体的成员时，他们还会被视为没资格得到这些好处。例如，其他群体的人会认为他们不太适合成为同事、潜在的朋友、可能的婚姻伴侣，甚至邻居。

当人们以这些方式遭受歧视时，这意味着他们被剥夺了重要的机会，并且这种做法缺乏任何好的理由作为依据。即便这是由纯粹的任意行为造成的，或者在公共服务的例子中，这是由政府官员对政治盟友的偏袒造成的，它也可能是错误的。但在我所关注的那种歧视的意义上，那些遭受歧视的人之所以被剥夺了这些好处，是基于这种普遍流行的观点：关于他们的某些事实——例如他们的种族、性别或宗教——使得他们比其他人更没资格获得这些好处。按照我对歧视的理解，人们受到这种普遍流行的低人一等的观点的影响，即认为他们对于重要的好处和机会只具有较少的资格以及他们不太适合参与有价值的人际关系，这个事实是歧视的一个鲜明的特征。

27 歧视的错误之处依赖于这个事实：它依据的那些诸如种族和性别之类的特征并不能证成它所包含的态度和差别对待。也许正是因为意识到了这一点，所以歧视者往往会诉诸某些经验概括，它们看起来提供了更好的证成，比如那些受到歧视的群体成员是不可靠的或太懒惰了，或者他们不具备那些将他们排除在外的职务所需要的能力。然而，这些概括通常都是错误的。但是，即使它们是正确的，它们也不能证成歧视所包含的那种对待方式。以不可靠为由拒绝信任某人或拒绝让他承担责任，这需要证据来表明他这个人确实不可靠；而以缺乏相关能力为由拒绝给某人提供职位，则需要证据来表明他确实缺乏能力。关于某个人所属群体的统计事实并非总是具有相关的证成力量。[1]

如果那些受到歧视的群体成员开始把歧视性的对待方式和歧视所表达出来的态度视为具有正当的理由，那么这种歧视就会变得更加严重。这将对他们的“自尊”（self-respect）或“自重”（self-esteem）造成某种打击。这里的“自尊”或“自重”是在罗尔斯所说的这个意义上：“一个人对自己所持有的价值的感受，他的这种坚定的信念——他

[1] 对于证成某些对待方式而言，统计证据何时以及为什么是不充分的，这是一个困难的问题。对此的讨论，参见 Judith Thomson, “Liability and Individualized Evidence”，以及 David Enoch, Levi Specter, and Talia Fisher, “Statistical Evidence, Sensitivity, and the Legal Value of Knowledge”。我感谢弗朗西斯 · 卡姆（Frances Kamm）和保罗 · 威特曼（Paul Weithman）向我强调了这一点。

的善观念（他的人生计划）是值得执行的”和“在自己的力量范围之内，对实现自身目的的能力所具有的信心”。[2]

但对于我正在考虑的这个反驳而言，某种低人一等的感受或丧失自尊的感受并不是必不可少的。只要一个社会中有足够多的人持有这些高人一等和低人一等的观点，并且导致我所描述的那种排挤和偏袒的实践活动稳固地存在，那么这个反驳就适用。当然，受到歧视的人也可能会认可与他们的地位相对应的那些职务和相关的价值，并在完成这些职务时错误地找到了（罗尔斯意义上的）自尊。这样他们就不会体验到我刚才所描述的那种屈辱，但基于我现在正在关注的这些理由，相关的歧视仍然是不正当的。

无论那些受到歧视的群体成员是将这种体验视为对他们的自尊或 28
自重的打击，还是在完成分配给他们的职务时找到自尊和自重，那些没有以这种方式受到歧视的群体，他们的很多成员则很可能会将他们不具备这一群体特征视为关于他们自身的一个非常重要的事实，并且也是他们的自尊的一个保障。而这一点也为他们提供了某种理由，使得他们认为他们的生活是值得过的，以及他们的计划是值得追求的。正如卢梭所指出的，双方的态度都可能存在着某种病态：基于不恰当的理由而重视或轻视自己的生命和活动，以及基于这些错误的理由来调节自己对他人的态度和行为。[3]

消除歧视或其他形式的地位不平等并不会导致应被反对的“向下拉平”——它没有让任何人受益并且使得某些人过得更糟。这也许会剥夺一些人的优越感，而且这些优越感可能是他们很重视的对象。但对于这种优越感的丧失，他们并不能（合理地）提出抱怨。所以在道德

[2] *A Theory of Justice*, 2nd edn, 386.

[3] *Discourse on the Origins of Inequality.*

相关的意义上，这不会让任何人变得更糟，而且还会让那些受到歧视的人受益。[4] 人们有很好的理由来反对以下这两种遭遇：一是在缺乏任何好理由的情况下就被剥夺了我所说的那些好处，二是受到我所描述的那种低人一等的态度的影响。他们的反驳并非仅仅是对其他人所拥有的东西的嫉妒。

因此，我所描述的那种社会实践面临着这三种反驳。第一，在缺乏任何好的理由的情况下，它禁止很多人去获取重要的好处和机会。第二，它剥夺了歧视者和被歧视者一种重要的好处，即人们彼此之间平等相待所具有的好处。第三，在这样一个社会中，它导致很多人基于错误的理由去重视（或轻视）自己的生活和活动。对于那些属于“高人一等”的群体的人而言，他们可能会把自己的价值观错误地建立在这种优越的地位之上。而那些被视为低人一等的人，一旦接受了这个判断，那么他们就会不恰当地轻视自己和自己的活动。如果那些遭受歧视的人接受了他们的价值观，并且把他们的价值观建立在完成某些
29 职务的基础之上——那些被指定为“唯一适合他们的职务”，那么考虑到他们的实际情况，他们无疑是把这种积极的评价建立在错误的理由之上。

这些反驳在不同的程度上属于平等主义的反驳。第二个反驳是最明显的平等主义反驳，因为它建立在彼此平等相处这种价值之上。第一个反驳是关于正义的问题，因为一些人被不正义地剥夺了重要的机会。但这种反驳可能是平等主义的反驳，也可能不是平等主义的反驳。正如我在第二章中所指出的，没有提供这些好处可能是一种侵犯个人权利的行为，从而是一种非比较性的错误；它也可能体现了不平等的关

[4] 说这种损失在道德上不相关，并不是否认它们在心理上是强有力的，以及可能在政治上被加以利用从而产生坏的影响。

切，从而是一种比较性的错误。第三个反驳所指出的问题是，人们以错误的方式去评价自己和他人。在最根本的层次上，这是一种关于“善”（good）的错误，而不是一种关于“正当”（right）的错误。如果只有当人们犯下这种评价性的错误时，才会出现第一个反驳所关注的那种不正义，那么这就是一种“正当”对“善”（关于“善”的流行观点）的依赖。正如 G. A. 科恩兴许会这么说，在这种情况下，正义的实现依赖于社会的风尚（ethos）。[5]

现在我开始转向这个问题，即经济不平等如何会导致应被反对的地位不平等。这正如亚当·斯密所观察的，他说如果经济状况导致一些人出现在公众场合会感到羞耻，那么这便构成了对这种经济状况的反驳。[6]我们需要更仔细地研究经济不平等如何会产生这种不正当的影响。

我认为导致这种情况的机制是这样的：人们的穿着方式、生活方式和他们拥有或消费的东西——比如他们开什么样的车，或者他们是否有车，以及他们是否有电脑——可能标志着他们适合或不适合担任某些职务，尤其是更适合还是更不适合得到我所提到的那些团体性的好处。由于他们能否获得这些东西取决于他们所拥有的金钱数量，所以经济不平等会对穷人的地位产生这种影响。

慈继伟清楚地描述了这些影响。[7]他区分了他所说的三种“贫困的 30
风险”，我认为他借助这个短语所指的是，通过这三种方式，贫困对一个人来说就是一件坏事。如果缺钱威胁到一个人用来满足身体生存需求的能力，那么就会出现“生存贫困”。而当社会要求一个人必须以

[5] G. A. Cohen, “Where the Action is,” 10-15, et passim. 科恩特别关注的那种风尚是我们关于正当的态度，即关于个人有资格或没资格去做什么。与此不同，我强调的是关于“什么事物值得重视”和“以什么方式重视它们”的流行观点，并且我也表明这些观点在某个方面（与科恩的提议相类似）是重要的。

[6] *An Inquiry into the Nature and Causes of the Wealth of Nations*, 351-2.

[7] Jiwei Ci, “Agency and Other Stakes of Poverty.”

某种方式生活才能获得尊重，但某个人却因为缺钱而无法按照这种方式生活时，这便导致了“地位贫困”。最后，如果社会要求一个人必须以某种方式发挥作用（function），他才能成为一个“正常发挥作用的能动者”，但某个人由于缺钱而无法实现这一点，那么他便处于“能动性贫困”（agency poverty）之中。举例来说，要成为一个“正常发挥作用的能动者”，这包括拥有一份工作，或者做其他社会所要求的事情，以便能够获得一个人有理由想要的那些东西。在我们所处的社会里，避免能动性贫困可能还包括拥有信用卡、住所和电话，或许还有上网。按照罗尔斯对“自尊”一词所下的定义——“对自己的人生计划的价值所具有的安全感以及执行这种计划的能力”，贫困的这三个方面都会对穷人的这种自尊造成威胁。

正如慈继伟所指出的，贫困对一个人来说可能是坏事的这三种理由，既密切相关又互相分离。一个自愿选择忍受生存贫困的苦行僧，可能不会在能动性或地位上有所损失。苦行僧可能还会受到钦佩，并且被视为具有不同寻常的能力。慈继伟说，在某些时代，生存贫困并不意味着地位的缺失，而是标志着一个人在社会建设中是特别坚定的参与者，反而富裕可能带来猜疑和羞辱。相比之下，在今天的一些国家，拥有汽车是一个重要的地位象征，而一个人若像农民一样地生活则意味着他得不到尊重。[8] 同样地，即使一个人充分地感受到自己作为能动者在发挥作用，例如拥有工作、以消费者的身份去参与经济活动、为人父母等，他也可能正在经历着地位贫困。

让我们在美国的背景中来说明这一点：在最近的一篇网络社论中，一名非裔美国女性回应了对穷人的批评，起因是穷人被指责在苹果手

[8] “Agency and Other Stakes of Poverty,” 128-30.

机等奢侈品上“浪费金钱”。[9]这位女士描述了在她的邻居被福利金办公室拒之门外之后，她的母亲如何以显眼的“名牌”服装打扮以及“名牌”手提包去福利金办公室帮邻居的孙女恢复了福利金的申领。她写道，这不仅仅是一个打扮得像样的问题（即干净而没有异味，不穿破烂的衣服），而是得看起来像**某个人**——像一个需要受到尊重的人。我认为作者在此的观点是，对于穷人（尤其是黑人）而言，拥有某种奢侈品是他们避免慈继伟所说的地位贫困**和**能动性贫困的重要方式，也就是说，是他们能够在社会上发挥良好作用的重要方式。 31

虽然慈继伟所说的地位贫困和能动性贫困对一个人来说都是坏事，但它们之所以是坏事，却基于不同的理由。能动性贫困与这个事实有关，即缺钱会使一个人无法去做那些对特定的社会生活而言至关重要的事情。这些后果依赖于相关社会的组织方式。并且在这种社会中，人们有多种理由希望能够去做那些至关重要的事情，正是这些理由使得能动性贫困对于人们来说是一件坏事。贫困能够使得人们无法去做这些事情，这一点并不需要依赖于社会中的其他人所持有的歧视态度。但另一方面，地位贫困则依赖于这种态度。被其他人看作低人一等，并且被视为不适合参与到各种各样的人际关系之中，这本身就是一件坏事。然而，正如我刚才的例子所表明的，以这种方式被视为低人一等，也可能会妨碍人们去做某些事情，从而使得他们无法在社会上有效地发挥作用。贫穷可能**通过**将一个人标记为“地位低下的人”而干扰了他的能动性。但贫穷也可能以其他方式来干扰能动性，而地位低下则可能基于其他理由而应当受到反对。

我认为，这些观点把握到了亚当·斯密在我引述的那种段话中所

[9] M. T. Cottom, “Why do Poor People ‘Waste’ Money on Luxury Goods?”

思考的内容。斯密所说的那种由贫穷引起的感受包含了坚信别人认为自己（甚至可能自己认为自己）没资格，或者不如别人有资格去担任那些有价值的职务以及获得各种各样的团体性好处。它可能还包含了无法在社会中作为“正常的能动者”而有效地发挥作用，甚至造成一种人生失败的感觉。

我在前面讨论歧视和种姓制度时说过，这些制度所造成的伤害给我们提供了很好的理由去消除这些特权地位。如果经济不平等也造成了类似的伤害，那么这便给我们提供了某种**有限度的**（pro tanto）理由去优先支持一个没有这种不平等的境况，即便这会降低一些人或者所有人的经济福利水平。然而，正如慈继伟所指出的，只有当某些态度普遍
32 流行时，经济不平等才会带来地位贫困的伤害。因此，如果可能的话，这些伤害也为改变这些态度提供了直接的理由。即使经济利益的分配保持不变，假设人们渴望财富和收入（至少超过某一个数字）的原因之一是想要获得优越感，那么这种态度的改变无疑会使富人失去某些东西。但是，他们却无法提出任何主张来反对这种损失。

这是人们所熟悉的“嫉妒指责”的一种镜像（mirror image）。嫉妒指责是一种对要求减少不平等的反驳，它主张这些要求仅仅表达了某些无法被证成的欲望，即渴望其他人不会比你拥有更多的东西。与此相反，我刚才所描述的则是一种对**抗拒**减少不平等的反驳，它主张这种抗拒仅仅表达了某些无法被证成的欲望，即渴望自己比别人拥有更多的东西。

在这里，我们再次看到了正当与善观念之间的相互关联。社会态度在经济不平等和地位伤害之间起到了调解的作用，不过正如我先前所说的，这些态度包含了一些广泛流行的评价错误。人们认为收入和消费形式的差异具有某种重要性，但这些差异实际上并不具有这种重

要性。如果可能的话，要避免我所提及的地位伤害，其中一种方法就在于纠正这些错误。

虽然我怀疑我们不可能总是能够纠正这些错误，但让我们暂时想象一下在某个社会中，至少有一些错误得到了纠正。在托马斯·内格尔那篇讨论平权运动（affirmative action）的文章里，他在末尾处写道："当种族和性别的不正义已经减少了，我们仍将面临聪明人和笨蛋之间的严重不正义。因为他们都做出了类似的努力，但却得到如此不同的回报。" [10] 内格尔提到了经济奖励上的差异，但他所说的情况同样也适用于尊重上的差异，而后者正是我想要关注的对象。

所以让我们想象一下：在某个社会中，除了才能之外，我们不会基于种族、性别或其他天生的偶然特征来对别人进行区别对待。我假定，社会上会有一些每个人都认为值得向往的职务和职位。这不仅仅是因为它们带来了经济上的回报（我们可以假定这些回报非常微薄，甚至根本就没有）。相反，这些职位之所以被认为值得向往，是因为它们提供了某些机会，而这些机会使得人们能够以一种有价值的方式来运用娴熟的才能。也许还因为这些职位构成了一种认可（recognition），它 33
意味着那些有资格担任这些职位的人在各个重要的方面都比其他人更成功地发展和运用某些能力，而这些能力是每个人都有理由去重视并希望能够拥有的。我假定，人们纯粹依据优点来为这些职位选拔担任者，这里不存在歧视和偏袒，并且每个人都意识到这一点。我们甚至可以说，这些职位的担任者都**应得**这些职位，而且大家也都相信这一点是真的。至少在制度性的"应得"意义上，即某些得到证成的制度把这些职位和报酬分配给了这些担任者，这一点是真的。而只要这些

[10] "The Policy of Preference," 104.

职位构成了对某些优秀特征的恰当认可，那么我们还可以说，这些担任者在一种更深层次的、非制度性的意义上也应得这些职位：因为他们具有某些特征，而这些特征本身就使得这种认可形式成为一种恰当的形式。[11]

我的问题是：在这个社会中，它所认可的这种差异是否涉及我一直在讨论的那种地位伤害？如果答案是肯定的话，那么一个彻底任人唯才的社会看起来就具有种姓社会的一些缺陷。[12] 当然，比起这个社会，种姓社会更缺乏某些流动性。毕竟在这个社会里，任何阶层的儿童，只要他拥有才能，那么他都有可能“晋升”到更值得向往的职位。我已经假定，这个社会的每一个人都认为，拥有能胜任这些职位的才能是一件好事，而缺乏这些才能则是一件不幸的事情。比方说，所有父母都有理由希望他们的孩子拥有这些才能。但是，为什么这些态度不等同于一种应被反对的地位等级呢？

按照我的假定，这些态度不包含任何事实错误。然而，即使它们不包含错误，或者说**尤其是**它们不包含错误，那些缺乏这些才能的人不会感到自己没地位吗？并且这种地位的缺失还被证明是正当的。如何能够避免这一点呢？这就提出了一个问题，即我们能否同时做到以下两点：一方面，我们认可某些才能非常值得培养，它们是我们所有人都有理由在我们自己身上和我们的孩子身上去努力培养的才能，并且如果社会职务和职位允许人们为了我们所有人的利益而运用这些才能，那么这些职务和职位就能够很好地获得证成；但与此同时，在这个社会中不会有人感到自己没地位和缺乏自尊——这种地位和自尊的缺失

[11] 我在第八章评估了这些不同的应得观念。

[12] 英国社会学家迈克尔·扬（Michael Young）在其反乌托邦寓言中提出了这个问题，参见 *The Rise of the Meritocracy*。

既得到了证成，又应当遭到反对。卢梭通过拒绝第一个前提来回应这个两难困境。他认为，人们之所以重视某些特殊的成就，只是把它们 34
当作感受自己高人一等的一种方式。所以，如果我们能够放弃这些成就的话，那么这不会导致任何损失。（他认为我们无法做到这一点。）

然而，与卢梭不同，我认为这种评价态度能够获得证成。某些形式的成就是值得我们为之奋斗的。人们为达到这些成就而喜悦，以及为达不到它们而遗憾，这些都是恰当的感受。因此，我必须面对这个问题：如何避免我所描述的那些应被反对的后果呢，或者我们是否必须简单地把它们接受为生活的事实？

我之前说过，在我设想的社会中，所有父母都希望他们的孩子能够发展出某些能力，这些能力使他们有资格胜任一些特殊的位置，比如说考上最好的大学。而如果他们的孩子缺乏这些能力，家长就会感到失望。然而，至关重要的不仅仅是某些能力和成就在社会中得到重视，而且还包括它们**以何种方式**得到重视——这种重视对人们的生活以及他们彼此之间的关系具有何种意义。[13] 我已经假定，在我设想的社会中，人们重视那些让人有资格在高等教育中表现优异的能力。他们希望自己的孩子去发展这种能力，而且如果他们的孩子没这样做，他们就会感到失望。事实上，正如我们将在讨论机会平等时所看到的，如果儿童要获得他们有理由想要的那种机会，那么这一点就很重要：他们的成长环境要让他们认识到，发展这些能力是他们有理由为之努力奋斗的事情。

然而，人们认为某些能力值得拥有，这是一回事；但如果一个人

---

[13] 事物具有价值的方式会有所不同，关于区分这些不同方式的重要性，参见我的 *What We Owe to Each Other*, chapter 2, esp. 99-103。我在这里和其他地方的论证都依赖于这种观点：有些人过度地或以错误的方式来重视某些成就，而且如果他们未能看到某些选项是值得追求的，那么这也是一种错误。但我并没有依赖于这种更强的论点：某些选项具有多少价值以及某个特定的人最有理由去追求哪个选项，这些问题始终是一个事实问题。我感谢约瑟夫·费希金（Joseph Fishkin）提醒我注意这一点。

本身没有这些能力，或者如果他的孩子没资格考上最好的大学，那他的生活就被击垮了，这是完全不同的另一回事——它是一种评价错误。即使人们有理由希望他们的孩子拥有胜任理想职位的才能，他们也有很好的理由相信还有其他事情值得去做，即还有其他值得度过并且让
35 人感到满足的生活。不理解这一点便犯了另一种类型的评价错误。由于某些环境能够引导人们认识到有价值的生活具有多样性，因此对于每个人在理想上都应当拥有的那种机会而言，这些环境便构成了这种机会的另一个组成部分。[14] 当我们认为一个完全任人唯才的社会不可避免地包含了一种应被反对的等级制时，这可能是因为我们想象的是一个大多数人都犯这种错误的社会，并且他们过度地关注某些特定形式的优点。

我们也可能把这个社会想象成这样：拥有这种优点的人觉得自己高人一等，而没有这种优点的人则感到低人一等，并且被别人“瞧不起”。这是另一种评价错误。一个人重视某些能力和成就，并为拥有这些能力和成就而感到高兴，这不一定意味着他相信这使得他高人一等，或者比其他人更重要。然而，虽然这种区分在理论上可能很清楚，但在实践中我们却很难将这些态度分开，并且这种实践的困难是一个严重的问题。一方面，人们希望社会各阶层的儿童都认识到在校表现优异和有资格接受高等教育两者所具有的价值。但另一方面，这些儿童又不应该觉得自己比那些在这方面表现优异的人更低劣，也不应该认为这些表现优异的人会瞧不起他们（不管这些人的实际态度如何）。内格尔所说的“聪明人和笨蛋”暗含了这种类型的优越性和低劣性，当然这未必是他的意图所在。基于很多可理解的原因，这些高人一等和

[14] 约瑟夫·费希金强调了这一点。参见 *Bottlenecks*, chapter 3。

低人一等的态度在我们的社会广泛流行，由此导致的自卑感可能会被一些人利用，从而产生有害的政治后果。

要把对这些能力和成就的价值的认可与优越感和自卑感分离开来，这会因这些能力在人们的日常生活和人际关系中所起的作用而变得更加困难。如果某些人重视的事物与我们相一致，并且他们拥有相关的知识和技能去追求那些事物，那么我们更喜欢与这些人交往，这并非不合情理。就此而言，我们可以把罗尔斯关于“非比较性的群体”（non-comparing groups）的观点看作是认识到这一困难并试图减轻其影响的一种方式。

在罗尔斯的理论中，一个社会通过设立优势职位来奖励某些能力，这既需要通过“差别原则”的许可，也需要确保人们具有公平的机会平等来竞选这些职位。但罗尔斯说，即便社会奖励了这些能力，这些奖励上的差异也不一定会导致自尊的丧失。他认为情况之所以如此，部分 36
原因是人们倾向于形成多个“非比较性的群体”，而在这些群体之中，人们主要与兴趣和能力相似的人交往。罗尔斯说，为了保护人们免于丧失自尊（即对他们的人生计划的价值失去信心以及对执行这些计划的能力失去信心），“每个人至少应当属于某个拥有共同兴趣的共同体，并且在这个共同体之中，他发现自己的努力得到了同伴的肯定”。[15] 他还写道：“在一个良序的社会中，由于每一个社团都具有稳定的内部生活，社团的多样性往往会降低人们对人类生活前景的差别的关注度，或者说至少降低那些令人不快的关注度。因为我们倾向于把我们的境况和这些人进行对比：他们在我们的群体之中，或者我们认为他们所担任的那个职位与我们的志向相关。”[16]

[15] *A Theory of Justice*, 2nd edn, 388.
[16] *A Theory of Justice*, 2nd edn, 470.

这看起来像是一种逃避—— 一种掩盖问题而不是解决问题的方式。如果被掩盖的差异本身是不正义的差异，那么这就是一种逃避。但与此相反，罗尔斯的观点是，如果一个人在日常生活中不断被提醒去注意各种不平等，那么即使这些不平等是正义的，它们也会带来遗憾和不愉快的对比。罗尔斯说，如果人们形成了这类非比较性的群体，那么这种情况就不会发生。当然，我们正在讨论的是哪一种不平等，这个问题也会影响当前的讨论。罗尔斯也许在一定程度上谈到收入和财富的差异，但他主要关注的——也是我在这里关注的——是个人的失败感：一些人最终发现，在某些值得为之奋斗的事情上，他们的表现达不到他们有理由想要实现的那种出色程度。作为解决后一个问题的一种方式，而不是试图解决由经济差异所引起的不快，非比较性的群体的屏蔽作用看起来就没那么有争议。

无论人们对此如何做出判断，非比较性的群体是一个非常真实的现象，我将通过提出与它们相关的一些推测来结束这一章的内容。具体而言，我将推测非比较性的群体会以两种方式与我们的社会最近在经济不平等方面的急剧增长相关。无论我们有什么理由来反对这种不平等的加剧，我认为以下这种想法并不属于其中的一种理由：收入在前百分之一的富豪所拥有的那些极端财富和收入导致其他社会成员感到地位受损以及失去自尊。首先从我自己的经验来看，我肯定不会因
37 为我不能按照富豪们已经习惯的那种作风去生活而感到苦恼。也许这只是因为生活已经为我的自尊提供了很多其他的支持。因此，对于那些比我穷得多的人而言，情况可能会有所不同。但我对此表示怀疑。我想推测，在我们的社会中，造成地位伤害的那种经济不平等主要发生在以下这些人之间：一边是像我这样的人——受过教育的成功专业人士；另一边则是那些收入较少的人，尤其是像我前面提到的那些真正的穷

人，并且他们还缺乏教育。我们属于不同的非比较性的群体，这一事实可能会减少地位伤害的影响，但我对这些影响会被完全消除持怀疑的态度。

不过，这一点看起来却很合理：我之所以没有为自己的生活和超级富豪的生活之间存在着差异而感到苦恼，部分原因是我和他们属于不同的非比较性的群体。他们的生活方式并没有使我陷入地位贫困或能动性贫困，因为他们的生活没有为我设定任何期望的标准。但是，那种生活的确**为他们**设定了一个标准，而这可能会产生重要的影响。我并不渴望拥有那么多的钱，也不渴望拥有这些钱能够买到的那些东西，比如私人飞机。但显而易见，富豪们的确渴望拥有这些东西。我想这在很大程度上是因为富豪们的比较对象是那些拥有并渴望拥有这些东西的其他人。虽然在群体的外部，不同的群体属于非比较性的群体，但这些群体本身就是一个产生内部比较的场所。

这至少可能与美国最近在不平等方面的部分增长有关，即公司高管薪酬的大幅增长。对美国高管薪酬水平的批评已经导致确定公司高管薪酬的实践发生了两次改变。[17]一是有关高管薪酬的事实变得公开透明很多。二是薪酬委员会越来越多地聘请外部顾问来提供建议，以便决定高管每年的薪酬。这些顾问所做的事情之一就是提供“比较数据”，也就是说，他们会汇报某些公司的高管薪酬，而相关公司会把自己与这些公司进行对比。

人们本来希望这两项改变——提高透明度和聘用外部顾问——能够防止出现董事会成员偏袒他们的朋友，从而在一定程度上减缓高

[17] 接下来的这部分内容，我借鉴了乔希·比文斯（Josh Bivens）和劳伦斯·米歇尔（Lawrence Mishel）的相关著述，参见“The Pay of Corporate Executives and Financial Professionals as Evidence of Rents in Top 1 Percent Incomes”。

38 管薪酬的增长。但现实中似乎出现了相反的情况，而且看起来我们可以合理地推测：这是因为这些措施实际上对薪酬产生了越来越大的影响。这些措施的一个影响是，公司会把自己与其他同等出色的公司或比自己更出色的公司进行比较，并觉得他们提供给高管的薪酬至少要“跟得上”这些公司所提供的待遇。在我看来，另一个可能的影响是，这些措施巩固了高管们的这种感受，即他们**应得**这些级别的奖励；因为他们把有关其他高管的薪酬的公开事实当作一个基准，而这表明了如果人们（成功地）完成他们的那种工作，那么他们**应当**得到相同的回报。[18]

我将在第八章中论证，这些关于人们从事某些工作应得多少经济报酬的观念，它们在很大程度上是社会惯例的问题，并且缺乏任何道德依据。然而，在这些社会习俗存在的情况下，人们觉得他们应得像他们这样的人通常会得到的那些东西，这并不让人感到惊讶。[19] 这可能有助于解释那些要求和期待得到这些高水平报酬的人的行为，以及那些给予他们奖金和加薪的人的行为。但是，一旦我们认识到这些应得观念在本质上只是一种惯例，那么无论人们如何坚定地持有这些观念，它们显然在道德上都没有任何分量。

这可能看起来与我之前所说的内容不一致，因为我之前非常严肃地看待地位贫困和能动性贫困，并认为它们在道德上构成了对贫困的重要反驳，尽管我承认这取决于有关社会的普遍态度。但这里不存在任何不一致。因为无论在哪种情况下，社会惯例都不会导致人们应得

---

[18] 例如，格里高利·曼昆（Gregory Mankiw）以应得为由为高额薪酬提供了辩护，参见“Defending the One Percent”。

[19] 托马斯·皮凯蒂（Thomas Piketty）认为，社会规范在这方面的变化（即高级管理人员可接受的报酬比率的变化）是近来不平等现象加剧的一个重要因素，尤其是在美国和英国。参见 *Capital in the Twenty-First Century*, 264–5。

这种惯例认为恰当的那些东西。这种基于惯例的应得观念，正是我在涉及富人的期望的例子中所拒斥的对象。在这两种情况下，如果某些人未能符合惯例所建立的标准，那么他们需要为此承担代价。富人无法按照他们周围的人所期望的那种作风去生活，这确实会让他们承受一定的代价。但比起这种代价，穷人因忍受地位贫困和能动性贫困所付出的代价却要严重得多。

总结：在这一章中，我试图描述带有歧视的社会在我们看来有哪 39
些应当遭到反对的地方。我论证道，这种社会的罪恶涉及它不正当地剥夺了一些重要的好处，包括我所说的“团体性的好处”。

我接着解释了经济不平等如何可能造成地位伤害，并且这种伤害就像带有歧视的社会所包含的那种地位伤害一样。这些伤害不仅取决于经济不平等，而且还取决于人们对某些好处的重要性所持有的普遍态度——涉及评价错误的那些态度。然后我考虑了在以下这种社会中，是否还会有类似的伤害：这种社会不包含上述的评价错误，也不存在歧视，并且实际上还是一个机会平等的社会。我把罗尔斯关于非比较性群体的观念看作是避免这种伤害的一种方式。

非比较性的群体这个观念背后的趋势是这样一种社会现象：不管社会有哪些等级，人们主要与具有相似地位的人交往。这种现象在正义和不正义的社会都可能以相同的方式发生。而罗尔斯关注的是一个正义的社会。如果一个社会的经济分配满足了罗尔斯的正义标准，那么在这个社会中，相关的等级制就主要涉及以非经济价值作为衡量标准的不同成功程度。罗尔斯把形成多个非比较性群体的趋势当作一个因素，以便最大限度地减少这种社会对自尊的伤害。我已经表明，在不正义并且经济高度不平等的社会中，形成非比较性群体的趋势可能会促进不正当的应得和资格观念的发展。

此外，这并不是这种趋势对不平等社会产生负面影响的唯一途径。如果富人主要与其他经济水平相同的人交往，那么他们对穷人的生活和需求就更缺乏了解，对他们的困境也会更缺乏同情。[20] 这会使他们更有可能形成某种道德主义的观点（我会在第五章来讨论这种观点），从而更不愿意支持那些会为所有社会成员提供实质机会的政策，并且这也可能导致他们在总体上更不愿意满足我在第二章中所讨论的那种平等关切的要求。这意味着按照我将在第六章中讨论的那些方式，他们更不可能在公职人员、公民和选民这些角色上发挥适当的作用。

[20] 丹尼尔·艾伦（Danielle Allen）所说的“关联社会”（connected society）的一个主要特征就是避免这些趋势。参见她的“Toward a Connected Society”。

第四章

程序公平

人们通常都把机会平等理解为，个人在经济上取得成功的机会不应当取决于其家庭经济状况，并且普遍都赞成机会平等在道德上很重要。但令人惊讶的是，人们却很少提及它为什么很重要。在本章和下一章中，我将对这个问题进行探究。我的目的是确定机会平等这一理念所涉及的复杂道德观念，并考察它们之间的关系，从而为这个议题提供一个道德剖析。我将特别关注支持机会平等的各种考量本身在多大程度上属于平等主义的考量，以及这些考量所涉及的平等观。

因为机会平等与不平等的报酬是相容的，甚至以不平等的报酬作为前提，而且它似乎没有提及我们应当如何限制或证成这些不平等的报酬。所以，在许多平等主义者的眼中，机会平等的名声并不佳。有人可能会说，机会平等实际上根本不是一种平等主义的学说；或者有人会说，机会平等是一种神话，它的传播只是为了使不可接受的不平等看起来变得可接受了。人们经常以这种方式来滥用机会平等这一观念，因此我们需要警惕这种滥用。但恰当理解的话，机会平等并不是一种对不平等的证成，而是一项独立的要求：虽然某些不平等以其他方式得到了证成，但它们必须满足这项要求才会是正义的。如果这项要求得到认真对待，那么它会具有强烈的平等主义影响。所以，机会平等可能并不应得我所提到的坏名声，至少在某种程度上是如此。而要评估这个争论，我们就需要确定有哪些论证在支持机会平等，并进一步澄清应当如何理解这一要求。

我将把机会平等看作是对反对不平等的三层回应的一部分。假设
41 有某个人对他在经济上或其他方面不如他人这一事实提出了反对。我认为要对这个抱怨做出令人满意的回应，就必须涉及以下三个主张：

1. 制度证成：建立一个会产生这种不平等的制度是有正当理由的。

2. 程序公平：虽然这个过程所产生的结果是，其他人获得了这个优势，而抱怨者则没获得这个优势，但这在程序上是公平的。

3. 实质机会：尽管抱怨者在这个过程中缺乏必要的资格或其他手段去做得更好，但这一事实没有涉及任何错误的行为。

这些主张构成了我所说的“对不平等的三层**证成**”（three-level justification）。我认为，理解机会平等的关键之处就在于理解这些主张的性质和依据，以及它们之间的关系。

关于制度证成的主张会有多种不同的形式。例如，有人可能会主张，因为不平等是由人们行使财产权和合同权所产生的，所以仅凭这一事实就足以证成不平等。或者有人可能会认为，由于产生不平等的制度给予了人们应得的东西，所以这就构成了对这些制度的证成。但我之所以提及这些形式的制度证成，只是为了论述的完整以及形成对比。出于某些理由，我并不认可它们中的任何一种形式，我会在第七章和第八章来讨论这些理由。接下来我将重点关注的是这一类制度证成：它们主张，产生不平等的制度可由建立此类制度所带来的效果而得到

证成。

此类制度证成的一种常见形式会主张，一些机构为某些职位的个体（如公司高管）提供高薪，这种做法之所以得到证成，是因为这些报酬会吸引有才能的个体，从而有助于提高机构的生产率。罗尔斯的“差别原则”是此类制度证成的另一种形式。差别原则主张，只有当产生不平等的制度特征会使那些过得最差的人受益，并且一旦消除这些特征会使一些人过得更差时，这些制度特征才是正义的。这个证成形式不同于仅仅诉诸提高生产率的证成形式，因为前者具有一个明确的分配要素：不平等只有在以下情况才会获得证成，即比起那些在更平等的分配下过得最差的人而言，不平等会使拥有较少益处的人过得更好。这两种证成形式的共同之处在于它们都主张，设立带有特殊优势的职 42
位是否可被证成，取决于由拥有适当能力的个体来担任这些职位所带来的好处。

我所关注的程序公平是由特定的制度证成推论而来的，并且程序公平的相关标准依赖于这个证成的性质。如果由行使个人财产权所产生的不平等得到了证成，那么唯一的程序要求便是，特定的不平等确实是以这种方式产生的，例如不涉及欺诈或盗窃。而如果证成一个制度的理由是该制度给予了人们应得的东西，那么就只有当产生不平等的制度确实是在回应适当类型的应得时，特定的不平等收益才会获得证成。最后，在我感兴趣的那类情形中，如果产生不平等的制度机制之所以得到证成，是因为此类不平等会带来有益的结果，那么程序公平就会要求，对这些不平等职位的分配必须确保它们确实会带来这些好处。

因此，如果具有特殊优势的职位之所以获得证成，是因为由拥有某些能力的个体来担任这些职位会带来有益的结果，那么程序公平就会要求，为这些职位挑选担任者所依据的理由必须是他们拥有这些能力。如果这些职位不是以这种方式来填补空缺，那么这些职位的运作方式就不符合对它们的证成。我把这种观点称为“关于程序公平的制度性理论”（the institutional account of procedural fairness）。

当填补优势职位的空缺需要通过某种程序来进行，并且这种程序涉及个人或机构委员会的决定时，例如决定雇用哪些人或允许哪些人进入教育机构，这个理论便能够最直接地加以应用。在这种情况下，程序公平便要求做出这些决定的理由必须和对这些职位的证成有“合理的关联”，即必须和这些职位如何促进其所属机构的目标有“合理的关联”。

鉴于就业是重要的经济利益来源，以及教育是获得许多理想工作的重要途径，上述的情况会涵盖一系列重要的情形，我们自然而然会关注这些情形。但我们必须认识到，并不是只有这些产生不平等的机
43 制才会引起机会平等的问题。比方说，有些人可以通过创办有限责任公司，或者通过获得专利以及其他形式的知识产权而变得比其他人更富有。假设对这些机制的证成是基于其所属制度会带来经济利益，但有些人却通过某种排挤使得另一些人无法利用这些法律形式，并且这种排挤依据的理由也与这些法律形式的经济职能无关，那么我们就能恰当地抱怨这里存在着程序不公平。（正如我们会在第五章中所看到的，如果一些人缺乏利用这些机会的手段，那么抱怨也会是恰当的。）

正如我所描述的，程序公平建立在对某些不平等的证成之上。因此，程序公平似乎不是一个平等主义的概念——尽管把它包含在内的“三层证成”在这个意义上是平等主义的主张，即它预设了相关的不平等需要获得证成。但在历史上，程序公平的观念却一直是反对重要的不平等形式的依据。

举例而言，许多错误歧视的情形之所以是错误的，部分原因就在于它们涉及我所描述的那种程序不公平。但这不是针对常见歧视的唯一反驳，而且不是所有形式的错误歧视都基于这个理由才是错误的。在那些践行种族歧视的地方，有价值的职位会把不受待见的群体成员系统地排挤在外，也许他们还被剥夺了其他团体性的好处，因为他们被看成低人一等，以至于不适合获得这些好处或职位。正如我在第三章中指出的，我们应当反对这种做法，这不仅是因为它违背了程序公平，而且还因为以这种方式去羞辱他人是错误的。相比之下，在评估申请人时，搞裙带关系、任人唯亲和懒惰懈怠在程序上都是不公平的，即便这些做法没有涉及应被反对的羞辱。

“歧视”这个术语可以应用到许多不同的事物上。如果某个政党的成员被排除在法官和其他优势职位之外，那么我们就可以说他们正在遭到“歧视”。对这种做法的反对可以只是在反对某种程序不公平。其他通常被称为歧视的情形则可能没有牵涉程序不公平或羞辱。例如，公共设施无法让残疾人使用，这在广义上就构成了对残疾人的歧视。即使这种做法并没有反映出一种针对残疾人的羞辱态度，它也应当受到反对，因为这种做法违背了我在第二章中讨论的那类平等关切的要求，44
即它没有以适当的方式考虑到所有人的利益。

所有这些情形的共同点是，它们都错误地剥夺了某些益处或机会。就道德剖析而言，我的目标是找出各种不同的因素，并用它们来解释为什么这种剥夺是错误的。我已经提到了三种这样的因素：程序不公平、羞辱和缺乏平等的关切。所有这些错误的行为都可以被恰当地称为广义上的歧视。我在这里的目的是要提醒大家注意它们是不同的错误行为：这些行为不但可以彼此独立地发生，而且它们之所以是错误的，也是基于不同的理由。

如果机会平等的要求所适用的那些不平等之所以得到证成，是因为由拥有相关才能的个体来担任这些职位会带来某些好处，那么“机会平等”并不要求每个人都能获得这些职位，而不管他是否拥有才能。拒绝那些没有才能的人并不是不公平的，也不是一种歧视。但是，如果我们不是通过这些效果来证成相关的不平等，或者认为证成不平等的理由在于应得，那么择优录用（merit-based selection）就会缺乏依据，因为优点变成了一个不相关的观念。例如，假设指派某人去担任指挥他人的职务，这种做法会解决一些重要的协调问题。但是这个行政职务却不需要任何特殊的技能，那么我所描述的那种程序公平就不适用了。而如果这个职务被认为是值得向往的，那么公平或许就要求我们通过抽签来分配这个职务，以避免应被反对的偏袒。但是，这种公平观与我正在描述的那种公平观却截然不同。

因为这一点在接下来会很重要，所以我必须在此强调一下：与我正在讨论的那种程序公平相关的优点或才能观念，是一种依赖于制度的观念。换言之，哪些能力算作才能（即作为选拔的有效依据），这既依赖于对相关制度的证成，也依赖于那些选拔人才的制度职位的性质以及对那些职位的证成。

人们自然而然地会把才能看作个人的属性，并认为才能的价值独立于利用或犒劳这些才能的社会制度。例如，拥有某种音乐才华对于个人来说可能就是一件有价值的事情。因此，建立某些允许发展和锻炼这种才华的社会制度就会是一件好事。至于哪些能力可以算作音乐才
45 华，在不同的社会里当然会有所不同，这取决于那个社会的音乐传统。但我们至少可以说，某些形式的音乐才华具有独特的价值。所以，如果一个社会传统承认这种价值并允许发展这种有价值的音乐才华，那么这就会是一件好事。

但与程序公平相关的才能却不需要如此，而且通常也不会如此。[1]那些才能之所以成为优势职位选拔人才的适当依据，就在于它们具备这些特征（无论这些特征是什么）：如果某个人拥有这些特征，那么它们将使得他在相关职位上所发挥的作用会促进这些职位的目标，而正是这些目标为设立这些职位提供了制度证成。[2]在少数情况下，这种证成可能与某些能力所具有的独立价值相关。比方说，证成建立一个音乐学校的依据可能是，发展某种音乐才华是有价值的。但这不是普遍的情况。计算机的编程技能可能本身就有价值，也可能本身没价值。而它之所以成为某个职位选拔人才的相关依据是基于这个事实（假定事实确实如此），即让拥有该技能的个人担任那个职位会促进某些其他的目标，例如建立一个使公民能够获得医疗保险的网站。

什么能力才在相关的意义上算作才能，这不仅依赖于制度的目标，而且也依赖于该制度和相关具体职位的组织方式。如果一个职位需要举起重物，那么体力就是一种重要的能力。但如果这个工作是由起重车来完成的，那么体力就不算是重要的能力。同理，如果一个人要想在某项工作或大学课程中取得成功，这要求他必须懂法语，那么法语知识就是一种相关的能力。但如果一切事情都是通过英语来完成的，那么法语知识就不是相关的能力。当我说与程序公平相关的才能或能力观念是“依赖于制度”的，我指的正是它们既依赖于那些为制度提供证成的目标，也依赖于该制度为促进那些目标所采取的组织方式。

---

[1] 在以下这种情况，它们确实会类似于音乐才华：如果产生不平等的制度之所以得到证成，是因为这些制度给予人们应得的东西，并且这种应得在某种意义上独立于这些制度。我感谢本·巴格利（Ben Bagley）提醒我注意这种可能性。我将在第八章中论证，严重的经济不平等不可能以这种方式来获得证成。

[2] 诺曼·丹尼尔斯清楚地表明了这一点。参见“Merit and Meritocracy”，210。丹尼尔斯还指出（218–219）：就职位及其报酬而言，存在着各种各样的制度证成，而程序公平的任人唯才理念可以和许多不同的制度证成相结合。

46 由此可见，如果某个制度的组织方式要求担任某一职务的个人具备某种特定的能力，但假设它以一种不要求这种能力的组织方式去运作，也能同等地实现它的目标，那么平等就要求它做出这种改变，因为优先考虑具备这种能力的候选人并不具有正当的理由。举一个明显的例子来说，假设某个机构的组织方式使得某些工作要求体力，而大多数女性缺乏这种体力，但如果使用机械辅助设备会使得那些工作无须耗费体力，并且该机构能够同等地实现它的目标，那么以女性缺乏体力为由而把她们排挤在这些工作之外，就会是任意的并且缺乏正当的理由。跳过这个例子，值得注意的是，与制度证成（这属于我正在讨论的三阶段证成的第一阶段）相关的价值并不局限于所谓的产出效率，这些价值还包括制度为个人所提供的从事生产工作的机会。因此，要确定一个以特定方式组织起来的制度是否得到证成，这可能会涉及这些不同价值之间的权衡，并且可能会为了更好的工作机会而牺牲产出价值。[3]

关于程序公平的制度性理论也解释了为什么在依赖于制度的意义上，根据能力来选拔人才不会面临以下这个反驳：当以才能作为依据来分配奖励时，这“从道德的观点来看是任意的”，因为被奖励的才能不在个人的控制范围之内，因此个人并不能宣称对这些才能“具有功劳”。

“从道德的观点来看具有任意性”这个观念被广泛地误解，也经常被滥用。但按照我对它的理解，当我们说某个特征从道德的角度来看是任意的，这只是说这个特征**本身**并不是对特殊奖励的证成。如果某个特征在这个意义上是“道德上任意的”，那么这并不意味着在某些

---

[3] 我感谢雷吉娜·斯考滕（Regina Schouten）和约瑟夫·费希金提醒我有必要强调这一点。

条件下，依随（track）这一特征对益处进行分配就是不正义的或在道德上应当被反对，因为我们可能有其他很好的理由来支持这种分配。

“从道德的观点来看是任意的”，这句话的当前用法来自罗尔斯。罗尔斯把报酬仅仅由市场结果来决定的体系称为“自然的自由体系”（System of Natural Liberty），并对这种体系提出了反驳。他的理由是， 47
这种体系允许人们的生活前景被那些“从道德的观点来看具有任意性”的因素所决定。[4] 人们经常把这种反驳理解为：这意味着在罗尔斯看来，无论什么时候，我们都应当反对由这种“任意的”因素所决定的分配。但这是一个误解。正如 G.A. 科恩和其他人所指出的，差别原则本身会允许某些有利于有才能者的不平等。因此，如果罗尔斯认为，我们应当反对报酬的差异依随着道德上任意的特征，那么他就会是不一致的。[5] 然而，若按照我所提议的方式来理解道德任意性，则罗尔斯的立场就不会不一致。[6] 根据差别原则，对拥有特殊才能的个人给予特殊的奖励，这种做法之所以得到证成，是因为设立这种职位对所有人都有利；换言之，这种做法之所以得到证成，是因为一个奖励这些才能的制度会带来有利的结果。[7] 这里并没有把才能本身或才能的稀缺性看成仅凭自身就提供了这种证成。

现在让我来考虑一下，对择优录用的这种制度证成会有哪些可能的反驳。首先，这种证成似乎过度依赖于相关制度所碰巧形成的目标或

---

[4] *A Theory of Justice*, section 12.

[5] G. A. Cohen, *Rescuing Justice and Equality*, 158–9.

[6] 科恩考虑了这种替代解释（*Rescuing Justice and Equality*, 166-7），但他拒绝接受它。科恩的理由是，罗尔斯需要对“道德任意性”采取更强健的解读，从而把“道德任意性”看成是一个支持“平等的基准”（benchmark of equality）的理由，以此来解释在原初状态中如何形成差别原则。但这在我看来是错误的。正如我将在第九章中所解释的那样，这个基准有着完全不同的依据。

[7] 罗尔斯要完成他对“自然的自由体系”的反驳，还必须论证：虽然奖励某些稀缺才能的实践活动会提高效率，但对于这些人来说——他们在某种更平等的实践活动中会获得更多的益处，仅凭效率并不是一种充分的证成。

目的。难道一个制度不会具有一些不恰当地偏袒（或不偏袒）某个群体的目标吗？例如，在 20 世纪 40 年代，某所州立的法学院可能会辩称，由于它的目标是培养对国家经济做出贡献的律师，但招收黑人学生却不利于实现这个目标，因为没有律师事务所会雇用黑人。[8] 但这不会对我所提出的观点构成反驳。因为在我的“三层证成”中，第一层次的问题是规范性的问题，即建立包含相关不平等的制度**实际**上是否以及
48 如何具有正当的理由，而不是这个制度如何**被看成**具有正当的理由。

程序公平需要依赖于对包含某些不平等的制度的证成，但这种依赖也可能使得选拔标准具有某些灵活性。这不仅与形式的机会平等相容，而且也有利于超越对优点的狭隘理解。比方说，如果社会对某些专业的医生或服务于农村社区的医生具有特殊的需求，那么当某个医学院在决定录取哪个候选人时，除了考虑候选人的预期科学技能和临床技能等因素之外，它还具有正当的理由把那些特殊需求也纳入考虑之中。我在上文提及了某种对法学院政策的证成，但与那种证成不同，这里的证成不会遭受到这种反驳：它构成了一种带来排挤和社会劣等性（inferiority）的实践活动，并且以这种实践活动作为前提。

一些针对女性和少数族群的候选人的平权运动政策，可以用类似的方式来获得证成。因此，这些政策和我所理解以及捍卫的形式机会平等是相容的。按照我对歧视的定义，当人们普遍相信某些群体的成员低人一等时，歧视就会发生。这会导致把这些群体的成员排除在权威职位和专家职位之外，因为他们被认为不适合担任这些职位或被认为缺乏能力。由于人们关于哪些人能够胜任某类职位的信念，在很大程度上取决于在他们的经验中，哪些人通常已经做到了这一点。所以，

[8] 罗纳德·德沃金讨论了这个例子，参见 *Taking Rights Seriously*, 230。

反抗歧视的一个重要的方法就是将以前被排挤在外的群体成员安置在权威职位之上。由此人们就可以看到，他们在这些职位上也能表现得和其他人一样出色。

因此，教育机构作为进入这些职业的重要途径，它们有一个合法的目标去推进这种程序。也就是说，把优先权给予被排挤的群体中那些有能力表现出色的成员，这种做法并没有涉及程序不公平，只要这对该机构的其他目标所造成的损失都被证明是正当的。而这一点是否为真，将取决于这些目标的增量（incremental）损失的严重性。当我们为培养脑外科医生选拔人才时，除了技能和可靠性之外，其他因素应当纳入考虑的程度是有限的。但并非每一个机构目标都具有这么高的边际（marginal）价值。不同于前面提到的法学院政策，我所描述的这种政策并没有涉及羞辱：没有任何一个群体因所谓的低人一等而被系统地排除在理想职位之外。

支持平权运动的这一理由依赖于这个经验主张，即这种优先政策 49
会产生消除歧视性态度的预期效果（而不是仅仅引发怨恨，或者导致政策的预期受益人被其他人看成是不合格的，因为他们被给予了这种优先权）。这一理由还证明了平权运动的政策只有作为一种过渡措施才是正当的。因为一段时间之后，要么这种政策已经产生了预期的效果，因此它将不再被需要；要么它已经被表明不会产生预期的效果，因此它不能以这种方式来获得证成。

这个例子阐明了两个要点。第一，如前所述，虽然免于歧视的要求和择优录用的要求会互相重叠，但它们有不同的道德依据。第二，这两者都没有要求政策必须处于“（肤）色盲”的状态，或者必须避免使用其他“可疑的分类”。只有当基于种族的决策涉及排挤和低人一等的态度时，免于歧视的要求才会排除掉这些决策。而只有在对种族和其他

“可疑分类”的使用与相关制度的合法目标无关时，择优录用的要求才会排除掉这些使用。

另一种针对程序公平的制度性理论的可能反驳是，它似乎不能解释违背择优录用的行为是在错误地对待那个没被选中的人。在种族歧视的情况下，被歧视者之所以受到错误的对待，我们能够确定的一个依据是：他基于种族的原因而被判定为低人一等。因此，反对种族歧视的论证建立在这个主张的基础之上，即人们不应当遭受这种错误的对待方式。相比之下，如果有人在阅读申请文件时任人唯亲或懒惰懈怠，那么对这些行为的错误之处进行制度性的解释似乎就不能把握到这层含义，即这些实践活动错误地对待了那些被排挤的人。它使得这些违背择优录用的行为看起来只是错误地对待了制度或负责选拔的工作人员的雇主。与此相关的抱怨就只是这个负责选拔的工作人员没有恰当地做好他的工作。

对这个显见反驳的回复依赖于这一事实，即支持择优录用的工具性理由只是更全面的“三层证成”的一部分。这个证成是为了回应**某个人的抱怨**——他抱怨他所拥有的物品比其他人更少。而这个回应是否恰当，则取决于对那三个主张的恰当捍卫，特别是对第一个主张的恰当捍卫，即设立带有特殊益处的职位从一开始就得到了证成。支持
50 择优录用的这一理由所具有的制度性特征反映了这个事实：只有当职位的执行方式与对它的证成相一致时，结果的不平等才会得到证成。虽然我们**有责任向**受此结果影响的人提供一个全面的证成，但择优录用作为一个自上而下的步骤，它只是这个全面证成的一部分。（稍后我会对这个反驳做出进一步的回应。）

对制度性理论的第三个关切是，它的涵盖范围可能太狭窄了。例如，假设某类相关职位有空缺，但同等合格的候选人数量却比空缺的

职位更多。在这种情况下，即使我们从这些同等合格的候选人中挑选出我们的亲戚或以前的学生，制度性理论似乎也不能对此提出反驳。但是，如果在许多同样有资格获得某一职位的候选人当中，所有被选中的人都是当权者的朋友，那么这看起来应当受到反对。

诚然，在这种情况下，没有人可以抱怨这种填补职位空缺的方式不会促进那些为职位提供证成的目标。但我们同样也不能对那些被拒绝的人说，任命他们无法同等地实现这些目标。所以，这里没有任何制度上的正当理由会支持选择其中的某一个候选人，而不是其他的候选人。

在这种情况下，任何候选人都不能要求获得该职位。因此，我们之所以应当反对我所设想的那种选拔方式（涉及偏袒决策者的朋友或政治上的支持者），就不是因为它的结果（被选中的那个候选人），而是因为造成这种结果的方式。在我看来，这意味着反对这项政策的理由是，它违背了我在第二章中所讨论的平等关切的要求。这种偏袒之所以看起来应当受到反对，恰恰就在于一些人出于对某个人的利益的更大关切而把职位提供给他。由于平等关切的要求不适用于私人事务，所以如果相关的决定是一件私人事务，那么我们就没理由反对“偏袒”。这种“偏袒”可能是非常恰当的。因此，我们需要的是一种做出选择的方式，并且这种方式在设立职位时不会涉及某些候选人的利益比其他人的类似利益受到更大的重视。这就是为什么抽签看起来能够满足这个要求。[9]

第四个担忧也与这种想法有关，即关于程序公平的制度性理论过 51

---

[9] 根据其他因素来做出选择，比如雇用一个矮个子或穿蓝衬衫的人，这些都不算是更重视任何一个候选人的利益。但以如此微不足道的理由来拒绝某些候选人，这意味着没有对那些被拒绝的人的利益给予**充分的**重视。（参见 Frances Kamm's “principle of irrelevant utilities,” in *Morality, Mortality*, vol. i, 146。）然而，如果我们之所以将一份工作给予几个同等合格的候选人中的某一个人，是因为他更需要这份工作，那么这种做法就不会遭到我所提及的这些反驳（即违背平等的关切或重视某些无关的因素）。我感谢卡姆对这些问题的讨论。

于接近一种以效率作为依据的论证。避免种族歧视并不涉及放弃一个人有资格获得的东西。但是，择优录用是有成本的：它不仅要求负责招聘或录用的工作人员要放弃对亲友的偏袒，而且谨慎地阅读申请材料也需要付出劳动成本。所以，与此相关的问题是：一个人必须得多谨慎呢？他在选拔的过程中必须投入多少时间和精力呢？制度性的理由也许会提供这样一个回复：必须投入时间和精力，直到一个更谨慎的过程所需要的边际成本会大于额外的谨慎所带来的边际效益。在此，额外的谨慎通过促进那些证成设立相关职位的目标而带来了效益。

这个回复看起来并不充分。要对申请人做到公平看起来会提出更多的要求。例如，使用诸如种族、性别或候选人所在的地区等替代性指标去作为选拔候选人的手段，即使这种做法是高效的，它看起来仍然是不公平的。这一点给了我以下这些启发：在对程序公平的解释之中，制度性理论是一个必不可少的组成部分，因为只有它才能解释相关的选拔标准。但这种理论忽略了这个事实：人们除了有理由希望获得某些制度职位所具有的经济优势和非经济优势，他们还有理由希望作为这些职位的候选人而受到认真对待，并且希望他人的考虑依据的是他们的优点（即由制度决定的优点）。使用替代性指标，甚至没有谨慎地阅读申请材料，这些做法可能都没有给予人们应有的考虑（除了在某些情况下由于其他理由而应当受到反对以外）。

那么我们到底要求什么样的应有考虑呢？这个问题很难回答。在特定的情况下，答案可能既取决于制度践行更谨慎的活动所需要的成本，也取决于个体申请人所在乎的事物是什么。我的观点是，仅凭前一种考虑无法充分地解决这个问题。应有考虑的要求既独立于制度效率
52 的要求，也超越了这一要求。就像第二章所讨论的平等关切一样，这个要求看起来既有比较性的因素，也有非比较性的因素。所有人都应

当被给予一定程度的谨慎考虑，即使我们很难确切地表明这个程度到哪为止。然而，当超过这种程度的时候，如果某些群体的成员比其他人得到了更谨慎的考虑，那么这种做法也应当受到反对（它违背了平等的关切）。

在本章的开头，我承诺提供一个对机会平等的“道德剖析”——确定它所涉及的各种道德观念以及它们之间的关系。让我对此稍做总结。我已经表明，这些观念包括：首先，制度所产生的不平等职位如何能够得到证成。我在前文探讨了这种可能性，即程序公平的要求可被理解为此类证成的推论。其次，我审视了这种公平观所涉及的对优点的看法——优点是一种依赖于制度的观念，并考察了择优录用的要求和免于歧视的观念如何互相重叠又有所区别。最后，我还表明，这种观念需要由应有考虑的要求来进行补充。把这些观念合在一起，看起来就解释了程序公平的要求。

但这些讨论都没有涉及我们应当如何理解实质机会的要求以及如何证成这一要求。我将在下一章来讨论这些问题。

53 第五章

实质机会

程序公平关注的是个体竞选优势职位的过程。如果个体要通过这个竞选过程而成为优秀的候选人，那么他就需要拥有教育和某些其他的条件；这些教育和其他条件正是我所说的“实质机会”（Substantive Opportunity）的关注对象。而如果没有人能够有效地抱怨他们之所以没能力去竞争优势职位，是因为他们无法充分获取这类条件，那么实质机会的要求就得到了满足。我要关注的问题是：我们应该如何理解这项要求以及如何捍卫它？

我们经常听到的一个说法是：在美国，即便是一个贫困儿童，只要他努力工作，那么他将来也可能会成为富人。这种说法似乎表明，一种包含了至少某种程度的实质机会的机会平等观念得到了广泛的认可，或者说至少得到了口头上的认可，甚至许多右翼人士也如此。[1] 然而，

---

[1] 不过，也有一些人拒绝实质性的机会平等。哈耶克就是一个坚定的反对者，他接受了一种较弱版本的形式机会平等，这在他看来意味着没有歧视以及一种“职业对才能开放”的政策。例如，他写道：反对由家庭财富差异所导致的儿童前景差异，并不会比反对由不同遗传天赋所引起的差异更有理由，因为后者也是儿童从他们的父母那里继承而来的（*The Constitution of Liberty*, 94）。他可能认为，由于这两种因素都不是一个人所能控制的，所以一个儿童对后者（才能）所应得的功劳并不会比前者更多。我在第四章已经解释过，把更多的报酬给予那些有“才能”的人，这种做法的合法性不需要依赖于这个假定，即他们应得这些报酬或他们能够“宣称”对他们的能力“有功劳”。罗伯特·诺齐克也拒绝这种强硬形式的机会平等（*Anarchy, State and Utopia*, 235-9）。这并不令人感到意外，因为在他看来，如果不平等来自个人通过行使其财产权所做出的选择，那么仅凭这一事实就足以证成不平等。

相比之下，人们却很少提及对这个实质性要求的证成。

这种证成将不得不超出我在上一章中所讨论的对程序公平的证成。只要有足够多的候选人具备担任优势职位所需要的技能，从而 54
有助于实现为优势职位提供证成的那些目标，那么对这些职位的证成就不会提供任何理由去帮助更多的孩子培养胜任这些职位的能力。即便一个机构的需求确实提供了理由去投资培养更多合格的申请人，但这种理由也只是基于对“人力资本”的需求，而不是基于正义的要求。[2]

作为正义的一项要求，某种版本的实质机会是罗尔斯所说的“公平的机会平等”（Fair Equality of Opportunity）的一部分。他对此的表述是：“那些拥有同等水平的才能和能力并具有相同的意愿来使用它们的人，无论他们在社会制度中的初始地位如何，都应当拥有同样的成功前景。”[3] 罗尔斯在没有提供太多明确论证的情况下，就引入了“公平的机会平等”这个观念，而他更喜欢把这个观念解释为不平等必须“向所有人开放”。

詹姆斯·布坎南（James Buchanan）基于类似的理由而支持这样一种要求，即每个人在实质上都能够获得机会；尽管这并非机会的平等，因为他认为机会平等是无法实现的。布坎南说，当“城镇上只有一场游戏”时，每个人就必须拥有“公平的游戏机会”。[4] 布坎南相信，家

---

[2] 米尔顿·弗里德曼（Milton Friedman）为“职业教育和专业教育”提出了这个论证。他认为，一个受过教育的公民会带来“邻里效应”（neighborhood effects），这便构成了对中小学教育开支的证成。参见 *Capitalism and Freedom*, chapter 6。这是一个支持资助公共教育的好理由，但不是唯一的理由。

[3] *A Theory of Justice*, 73.

[4] “Rules for a Fair Game: Contractarian Notes on Distributive Justice.” 布坎南还写道：“恰当理解的话，即使作为一种理想，‘机会平等’也必须通过以下这种方式来定义：不管对于参与者的特定情况而言，何种‘游戏’才是最合适的，‘机会平等’意味着参与者在创造价值的能力上缺乏某些粗略的、可能不可通约的重大差异。”（P. 132）

庭环境的差异是每个人都能获得这种公平机会的主要障碍。为了抵消这种不公平，他认为良好的全民公共教育和限制代际财富的转移应当是“宪法的要求”，即便这会造成对个人自由和经济效率的一些牺牲。

布坎南心目中的开放性（openness）看起来显然不仅仅适用于人们通过某些程序所竞选的职位（这些程序包括大学录取和就业中的择优
55 录用等），而且也适用于人们通过创业而取得成功等此类事情。限制继承权可以防止富裕家庭的孩子在实现后一种成功时获得不公平的优势。但是给每个人一个公平的游戏机会似乎也要求贫困儿童至少能够获取某些初始的资金和信贷。正如安东尼·阿特金森（Anthony Atkinson）、布鲁斯·阿克曼（Bruce Ackerman）和安妮·艾斯托特（Anne Alstott）以不同形式所提议的，我们可以通过给所有人提供某种最低限度的遗产来实现这个要求。[5]

布坎南为什么会在实质机会上采取这种强硬的立场，从而与哈耶克和米尔顿·弗里德曼等其他自由市场的支持者的观点形成鲜明的对比，这是一个有趣的问题。我认为答案是，不同于哈耶克和弗里德曼，[6] 布坎南是一个契约论者（contractarian）。[7] 就像罗尔斯一样，布坎南

---

[5] 参见 Atkinson, *Inequality: What can be Done?*, 169–72 和 Ackerman and Alstott, *The Stakeholder Society*。他们都把这个想法归功于托马斯·潘恩（Thomas Paine）的《土地的正义》（*Agrarian Justice*）。我们越重视这种创业的成功，就越会加强这些措施。约翰·托马西（John Tomasi）认为罗尔斯等理论家不够重视这种类型的机会。参见 *Free Market Fairness*, 66, 78, 183。但托马西的回应方案却是对经济自由采取某种形式的宪法保护，而不是采取措施来保障利用经济自由的能力。

[6] 哈耶克似乎主要是一个后果主义者（consequentialist），他也用后果主义的理由（他称之为“权宜之计”的理由）来为自由市场辩护，尽管哈耶克表示他同样“把个人自由的价值作为无可争议的伦理预设”。参见 *The Constitution of Liberty*, 6。

[7] 他的文章的副标题是“分配正义的契约论札记”（“Contractarian Notes on Distributive Justice”）。另外，布坎南在《一种对罗尔斯式的差别原则的霍布斯式的解读》（“A Hobbesian Interpretation of the Rawlsian Difference Principle”）中说，他和罗尔斯“共享着准康德式（quasi-Kantian）的契约论预设，而不是边沁式的效用主义（utilitarian）概念”。在他和理查德·马斯格雷夫（Richard Musgrave）合作的《公共财政与公共选择》（*Public Finance and Public Choice*）一书中，布坎南评论说他和马斯格雷夫“基本上”都是契约论者，并且他说“我根本不愿意承认我是一个效用主义者”。关于布坎南与罗尔斯之间漫长且令人尊敬的思想通信，参见 Sandra J. Peart and David M. Levy (eds), *The Street Porter and the Philosopher*, 397-416。

也相信，对于每一个被要求去接受和参与制度的人而言，这些制度必须可被证成。[8]他认为，只要社会上的理想职位没有对所有成员“开放”——不管他们出生在哪个家庭，那么这种证成性（justifiability）的要求就没有得到满足。而如果人们缺乏一个公平的“游戏”机会，那么我们就不能要求他们接受并遵守这种“游戏”规则。 56

我将从以下这两个问题来展开我的论述：支持这项开放性要求的理由是什么，以及它适用于哪些职位范围？罗尔斯认为，要使社会和经济的不平等成为正义的，这项要求是一个必须得到满足的条件。关于他的正义第二原则，罗尔斯的最初陈述是：“社会和经济的不平等应被这样安排，以便（a）我们能合理地期望它们对每个人都有利，（b）它们所依附的职务和职位向所有人开放。”后来他又增加了“在公平的机会平等的条件下”作为进一步的说明，罗尔斯更喜欢用它来解释开放性。这表明，要使社会和经济的不平等成为正义的，开放性的要求是一个必须得到满足的条件。由此可见，这一要求所适用的职位只是那些带有不平等报酬或特权的职位。让我把这种支持开放性要求的理由称为“正义不平等的理由”。

一个更广泛并且要求更高的想法是：如果一些人因遭受歧视或因

[8] 对于那些被要求去接受某些制度的人而言，这些制度需要在什么意义上得到证成，人们对此存在着不同的看法。按照我的看法，道德和正义的原则是由这两种理由的相对强度来决定的：一些人有某些理由来反对某一方案给他们带来了负担，其他人则具有另外的理由来反对那些没有包含这些负担的替代方案。（参见 *What we Owe to Each Other*, chapters 4, 5。）布坎南关于证成的看法可能缺乏这种明确的比较性质，但它建立在这些理由的基础之上：因为不同的原则会以某种方式对人们的利益产生影响，所以这些影响方式给人们提供了理由。（参见脚注 7 中所引用的布坎南的著作。）相反，杰拉德·高斯（Gerald Gaus）认为，一个制度或政策只有在这种情况下才是可被证成的：在相关生活的所有方面，比起没有管理规则，每个公民都有充分的理由更愿意接受这个制度或政策。他认为，相关的理由建立在每个公民实际的规范观点之上，包括公民对道德和正义的实际观点，而不管这些观点可能是什么。一些公民可能在其他人能够要求他们提供什么东西这一问题上持有某些最低限度的道德观点，而这会导致在国家必须或可以提供什么东西这一问题上得出相应的最低限度的结论，因为高斯的一致同意要求（requirement of unanimity）赋予了这些公民否决权，使得他们能够否决任何提出更高要求的方案。（参见 *The Order of Public Reason*, chapter 6, esp. 363-6。）

没有出生在足够富裕的家庭，就被禁止去从事他们有资格胜任并有很好的理由想要从事的那些职业——不管这些职业是否带有特殊报酬或特权，那么这便构成了对该社会的严厉反驳。例如，这些职业包括了艺术家或音乐家等。作为一项实质机会的要求，这个更广泛的要求具有相当大的合理性：除非有胜任资格的人出生在富裕的家庭，否则他们就缺乏重要的机会去胜任那些要求接受过高等教育的职业，这无疑构成了对该社会的反驳。[9] 让我把这种支持开放性要求的理由称为“自
57 我实现的理由”。我之所以提到这两种理由，是因为每一种理由都具有独立的吸引力，尽管较窄的“正义不平等”的理由可能更容易捍卫。[10] 虽然这两种理由之间的差别在某些方面是相关的，但我将直接关注这个较窄的要求。[11]

根据罗尔斯的主张，开放性提出了这一要求：“那些拥有同等水平的才能和能力并具有相同的意愿来使用它们的人”应当拥有“同样的成功前景”。为了澄清这一点，我们需要更多地谈一谈如何理解才能，

[9] 乔治·谢尔（George Sher）为这种更广泛的要求提供了辩护，参见 *Equality for Inegalitarians*。他写道：“国家有义务让每一个公民都尽量能够有效地生活。”（第 157 页）在这里，“有效地生活”意味着“接受那些我们事实上有理由去追求的目标，构思以及采纳某些实现这些目标的计划，并且以某些有效和灵活的方式来执行这些计划”。如前所述，这是一项非比较性的要求，并且这项要求为不同的个体所提供的资源会有所不同——这取决于他们的目标和能力。不过，某种平等的要素会通过我在第二章中所说的平等关切的要求而加入进来。这正如谢尔所说的：“我们在道德上是平等的人，这意味着我们的利益同等重要。”（第 94 页）

[10] 诺曼·丹尼尔斯似乎诉诸了这个更广泛的概念。他说在他的论证中，机会平等要求医疗服务必须成为公平的机会平等的一个必要条件。丹尼尔斯说，人们必须能够获得对疾病的治疗，因为“与一个人所处社会中的正常机会范围相比”，疾病“破坏了他能够利用的机会”。在他看来，“正常的机会范围”指的是，考虑到“该社会的历史发展阶段、物质财富水平和技术发展水平”，“合乎情理的个体有可能会为他们自己制订的那一系列‘人生计划’”。（“Fair Equality of Opportunity and Decent Minimums,” 107.）

[11] 罗尔斯的某些话暗示了这种更广泛的要求。例如，“每一个具有相似的动机和天赋的人，都应当拥有大致平等的文化前景和成就前景。那些具有相同能力和志向的人，他们的期望不应当受其社会阶层的影响”（*A Theory of Justice*, 63）。如果把以“文化和成就”作为衡量标准的认可（recognition）也纳入“自尊的社会标志”（它属于罗尔斯所说的“社会基本益品”）之中，那么这两个理由之间的差异就可能会被弥合。但是，这类认可的不平等并不具备（或者说，我认为不需要）我所假定的那类制度证成，即诸如收入、财富和“带有权力和特权的职务”等其他社会基本益品的不平等所要求的那类制度证成。

以及如何理解“努力”或“意愿”这项动机要求。有了这些澄清，我们就可以转到这个问题：开放性如何与平等和不平等相关？

正如我在之前所提到的，与程序公平相关的能力概念是一种依赖于制度的概念。如果某个人拥有某种能力，并且这种能力是选拔优势职位的相关依据，那么这便意味着他拥有该职位所要求的那些特征，而这些特征所产生的效果能够证成该职位的设立。同样，在为学术项目挑选预备人才时，相关的能力就仅仅由这些特征所组成：考虑到这些项目的目标和组织方式，这些特征是人们想要在这些项目上拥有出色表现必须具备的特征。

一旦这些职位和教育项目的目标与组织方式确定下来了，那么在 58
这种意义上的能力也就明确了。在某个特定的时间里，某个特定的个体要么具备这些特征，要么不具备，而且一些人会比另一些人在更大程度上具备这些特征。但是，如果工作或教育项目有所改变，那么这种意义上的能力也会发生变化，并且这种变化意味着实质机会的要求也会有所改变。假设通往重要优势职位的教育项目预设了某些语言、计算机技能或科学训练作为前提，那么罗尔斯的开放性概念就会要求所有人必须都能够获得这些东西。一旦只有富裕家庭的孩子才能获得这些技能，那么贫穷家庭的孩子就被阻挡在这些职位的考虑之外。但是，如果获得这些语言或计算机技能是大学相关课程的一部分，而不是被预设的前提条件，那么支持向所有人提供这种训练的这一理由就不适用了。

这一切看起来都很清楚。但尚不清楚的是，这种依赖于制度的能力概念是否足以理解实质性的机会平等要求，尤其是当这项要求采取了罗尔斯的“公平的机会平等”这种形式——它要求“那些拥有同等水平的才能和能力并具有相同的意愿来使用它们的人，无论他们在社会制度中的初始地位如何，都应当拥有同样的成功前景”。[12] 以这个公式来表述机会平等，看起来是在用能力的概念来为所有人都必须能够获取的教育和其他条件设定标准。而如果一种能力的概念要发挥这种作用，那么它本身就不能依赖于某种特定的教育形式和其他发展条件。

例如，假设一些人觉得抽象推理很容易。因此，他们在数学和计算机编程等科目上表现特别出色，从而有资格获得那些需要这些技能的优势职位。这似乎与“公平的机会平等”是相容的，因为那些没资格获得这些职位的人与那些有资格的人在这些科目上并不具有“同等水平的能力”。但这一结论预设了一种特殊的教育形式。假设我们发现有一些早期干预的方法，无论是特殊的课程、药物还是某种其他的治
59 疗，这些方法都可以让其他孩子在抽象推理上发展出同等水平的能力。那么我们还能说我最初描述的教育程序符合“公平的机会平等”的要求，因为成功的孩子比没成功的孩子在抽象推理上的“能力水平更高”吗？情况似乎并非如此。举例来说，假设富裕家庭为他们的孩子提供了某些特殊的课程或其他的干预形式，从而克服了这些孩子最初在抽象推理上的缺陷。但是，如果贫穷家庭的孩子没有得到这些好处，那么罗尔斯的公式所表述的那种机会平等看起来就没有实现。

由此带来的结论是：只要能力是一种依赖于制度的观念，那么任何关于两个人处于“同等能力水平”的判断，就都预设了某些特定的教育形式以及其他运用这些能力的条件。因此，把平等的成功前景给予那些拥有同等才能的人，这个观点便不能用来详细说明机会平等所要求的教育形式和其他条件。这个问题也许可以通过使用一种不依赖于制度的能力概念来避免。但在我看来，没有这样一种概念与对经济

[12] 约瑟夫·费希金在《瓶颈》(*Bottlenecks*)中提出了这个问题，尤其在第二章中。我极大地得益于费希金的讨论。

制度的证成相关。[13]

理解罗尔斯的观点的另一种方式是简单地把它解释为，罗尔斯要求儿童获得成功的可能性不依赖于他们的家庭的财富和收入。这种看待问题的方式，是在用富人所能提供的教育来为如何确定“同等能力水平”这一观念设定教育标准。它认为，假设我们给予两个儿童充足的动力（稍后我会讨论这个因素），并为他们提供最好的教育以及其他现有的发展条件，如果他们表现得一样好，那么他们就处在“同等的 60
能力水平”。

这设立了一个很高的标准，稍后我会考察在一个经济严重不平等的社会中要满足这一标准所涉及的难题。但是，为所有儿童提供足够好的发展条件之所以是困难的，不仅仅是因为贫困，还因为家庭态度和价值观的差异。[14] 我们可以通过考虑“意愿”（willingness）的问题来把握这一点，这是我先前搁置的问题。

罗尔斯对“公平的机会平等”的阐述在这一点上存在着歧义。他首先说：“那些拥有同等水平的才能和能力**并具有相同的意愿来使用它们**的人，无论他们在社会制度中的初始地位如何，都应当拥有同样的成功前景。”但他接着阐述了一个更强的条件：如果许多人的心理成长模式由于不幸的家庭环境而导致他们“未能做出努力”，从而没资格

[13] 费希金强有力地论证道，不存在这样一种概念。参见 *Bottlenecks*, chapter 2。同样的观点也适用于“残疾”（disability）这个概念。如果某个特征使其拥有者在他们所处的社会中更难以采取他们有理由想要的那些方式去发挥作用，那么这个特征在一种重要的道德意义上便是一种残疾。可能有某种残疾的概念，例如“物种正常功能的缺失”，它不依赖于制度，并且不以这种方式依赖于特定社会的性质。但我认为，这样一种概念在道德上并不重要。一个人缺乏他所属物种的典型特征，这一事实只有以某种方式干扰了他有理由在乎的事情，它才在道德上是重要的。从残疾依赖于制度也依赖于社会这两点可以得出，我们在原则上可以通过这两种方式来防止由残疾引起的机会不平等：要么通过改变社会以便使得重要的社会角色不需要原来那些相关的特征，要么使个人有可能避免拥有这个“残疾”特征。

[14] 经济阶层的差异和传递给儿童的态度的差异并不是相互独立的。关于中产阶级家庭的育儿策略与工人阶级或贫困家庭的育儿策略在向儿童传递不同优势方面有何不同，参见 Annette Lareau, *Unequal Childhoods*。

去获得那些他们有能力可以获得的优势，那么“公平的机会平等”就没有实现。[15] 这后一种更强的主张看起来显然是正确的。仅仅缺乏“意愿”或者未能做出努力，这并不能解决问题。

这里有陷入某种道德主义（moralism）的危险，这是机会平等观念所面临的重大误区之一。[16]“同等的意愿”（equal willingness）这一短语可能表明，只要我们能够（真实地）对一个沮丧地提出要求的人说，“如果你更努力地尝试过，你就可以获得这个好处，所以你没能获得这个好处是你自己的过错”，那么这就满足了实质机会的要求。这是道德主义的想法，因为它认为，不平等是由穷人的道德过错造成的，所以依据这一理由就可以证成不平等。这里也可能会错误地出现某种应得的观念，它以这种形式呈现出来：努力的人基于他们的努力而恰当地得到了奖励，没有努力的人则由于他们的懒惰而应得痛苦。

61 虽然这类道德主义和诉诸应得的主张可能具有不少吸引力，但它们都是错误的。[17] 为了弄清楚它们为什么是错误的，我们需要更仔细地考察以下这种情况会以哪些方式而具有道德重要性，即一个结果是由某个人的选择造成的，或者说它是某个人通过恰当的选择本来能够避免的结果。一种可能的方式涉及我们正在讨论的问题是对某个能动者或者对他的行为方式进行道德评价。如果一个人“心甘情愿”地做了某件事，那么考虑到他对这一行为及其后果的信念，这便表明他认为这是一件值得做的事情。例如，如果我跟你说我会去机场接你，但因为我想在电视上观看我最喜欢的电影明星，所以我没去接你。这个事

[15] 罗尔斯提及“做出努力的意愿”取决于“幸福的家庭和社会环境”的那个段落很具有代表性。参见 *A Theory of Justice*, 64。

[16] 塞缪尔·谢弗勒（Samuel Scheffler）提出了这一点，参见“Choice, Circumstance, and the Value of Equality,” 220ff。

[17] 我会在第八章提出论证来反驳这种诉诸应得的主张。

实便表明，比起你的便利和我给你的保证，我更重视这种观看电影明星的快乐。因此，我已经做出了这种选择，这一事实便与你对我的评价和对我们的关系的评价相关。

但正如我将在第八章中论证的，受助人在道德品质上的差异并不能证成社会福利的不平等分配。所以，一个人的自愿选择会对不平等的结果是否得到证成产生影响，不可能是因为这种选择揭示了这个人的道德品质。因此，我们需要一种不同的解释。

在我看来，一种更好的解释如下所述。[18] 人们通常具有好的理由希望那些发生在他们身上的事情会受到他们在适当条件下所做出的选择的影响。这其中的一个理由是，人们在良好的条件下——比如当他们充分了解备选方案并能够清晰地思考它们时——所做出的选择很可能反映出他们的价值观和偏好，因此他们在这些条件下所选择的结果更有可能是他们喜欢和赞成的结果。第二个理由是，比起由其他方式所决定的结果，由人们的选择所带来的结果会具有不同的意义。举例来说，礼物的一个重要的意义便来源于这个事实（当它确实是事实的时候），即礼物体现了赠送者对接受者的感情；这一点同样也适用于我们对自己的生活所做出的选择，例如职业选择。

基于这些理由，我们想要对自己生活中的重要方面做出选择，不过这些理由都依赖于做出这些选择时的条件。当一个人不知道替代方 62
案的性质，或者当条件使他不太可能考虑某些有价值的替代方案或不太可能认真对待它们时，选择的价值就会受到破坏。所以人们有强有力的理由想要的一件事就是，让那些发生在他们身上的事情取决于他们在足够好的条件下做出选择时所采取的反应。对于人们生活中的重

[18] 更充分地阐述这种解释，参见我的“The Significance of Choice”和 chapter 6 of *What we Owe to Each Other*。

要方面，比如他们将从事什么职业，这一点尤其如此。

如果一个人是因为他在足够好的条件下未能恰当地做出选择，才使得他没有资格获得某种好处，那么他可能“不会抱怨”他缺乏这种好处。这个人之所以不会抱怨那些提供这种好处的制度，仅仅是因为那些制度已经做了足够多的事情来提供这种好处。但是，只有当这个人在做出选择时所处的条件足够好，这一点才是正确的。

我认为我们应该以这种方式来理解罗尔斯提及“意愿”时其背后的想法。当罗尔斯写道：“那些拥有同等水平的才能和能力**并具有相同的意愿来使用它们**的人，无论他们在社会制度中的初始地位如何，都应当拥有同样的成功前景。”这表明在某些情况下，一些人不“愿意”发展自己的才能，这一事实便意味着他们不会抱怨自己没有成功地获得理想的职位。但是，只有当（以及因为）他们在选择不去发展他们的才能时所处的条件足够好，情况才会如此。所以在这种情况下，一些人所拥有的物品比他们原本想拥有的物品更少，这一事实之所以可被（部分地）证成，并不是基于某种关于他们的道德品质的主张——他们没有付出那种使其应得奖励的努力。[19] 恰恰相反，这是基于一种关于**其他人**（包括基本的社会制度）已经为这些人做了哪些事情的主张：**因为**为了让这些人在做出选择时处于良好的条件之下，其他人已经做了足够多的事情，**所以**这些人不能对此提出抱怨。[20]

63 按照这种解释，重要的是一个人在足够好的条件下**拥有**选择权，

---

[19] 之所以只是部分证成，因为这一点也是必要条件，即产生相关不平等的制度应当具有正当的理由；也就是说，我的“三层证成”的第一层证成应该得到满足。

[20] 谢尔要求每个公民都能获取“有效生活”的工具，这一要求包含了一个类似的，甚至更强有力的意愿观念。他要求公民应当处在好的条件之下来决定采取哪些目标（参见 *Equality for Inegalitarians*, 157），并且“为了避免底层人员把努力视为一种不合理的行为，国家必须为每个人提供一系列的资源和机会，从而使得如果他确实努力的话，就会有一个合理的成功机会”。（第 150 页）

而不是他有意识地**做出了**选择。如果某个人处在某些（足够好的）条件之下，并且这些条件使得他原本可以通过恰当的选择而得到某个结果，那么这可能就足够了——即便由于他没有注意到他事实上拥有这种选择权，从而导致他在没有做出选择的情况下就错过了这个选项。[21]

这种观点并没有否认人们——尤其是那些在恶劣条件下成长的人——是道德能动者，即他们能够对其选择承担责任。[22]这里之所以如此，是基于以下这两个理由。首先，这种观点认为人们并没有资格要求获得好的结果：我们必须提供的条件是有限的，而在此之后，需要由人们（他们的责任）来做出自己的决定。其次，即使我们为那些在贫穷的家庭和社会环境下成长的人所做的事情还不够多，他们也仍然是负有责任的能动者，即他们也可能会因为不够努力而受到道德批评。正如我已经论证过的，下述这两个问题是不一样的：第一，他们的选择所反映出的态度是否会受到道德批评；第二，如果社会制度为他们安置的环境使得他们很可能会形成这些态度，那么这些制度本身是否会受到道德批评，即它们是否会因为不符合实质机会的要求而被批评为不正义的。正是未能区分这两个问题才导致了我正在反对的那种道德主义。

要为儿童提供足够好的条件，以确保他们能够在这些条件下选择如何发展他们的才能，这会是一件困难的事情。但这种困难不仅仅是由贫穷和贫穷的后果造成的。在一些情况下，起作用的因素并不是经济因素，或者说不纯粹是经济因素，而是文化因素，可这种困难依然存在。人们可能会对哪些事情发展出“努力的意愿”，这既取决于他们认为哪

[21] 更多的讨论，参见我的“Responsibility and the Value of Choice”。因此，在我所提供的这种解释之中，选择所扮演的角色就不同于其在运气平等主义的观点之中所扮演的角色。按照运气平等主义的观点，如果对平等的偏离是由人们的实际选择造成的，那么这种偏离便可得到证成。对运气平等主义观点的批评，参见 Sher, *Equality for Inegalitarians*, 29-34。

[22] 例如，就像诺齐克所指责的那样。参见 *Anarchy, State, and Utopia*, 214。

些事情对他们来说具有真实的可能性，也取决于哪些事情是他们所看重的。而对于在不同社群长大的人而言，这些问题会具有不同的答案。例如，不同于旧秩序的阿米什（Old Order Amish）和罗姆（Roma），在其他社群长大的儿童通常发展出“努力的意愿”是为了实现某些其他
64 的目标，而不是为了取得社会给予最高奖励的那些成就。情况之所以如此，可能是因为他们成长的社群所盛行的态度导致他们不认为这些成就是有价值的，或者不认为这些追求对他们来说具有真实的可能性。举一个不那么极端而大家又非常熟悉的例子：如果一些年轻女性因为她们的家庭相信并鼓励她们相信某些职业不适合女性，从而导致这些年轻女性没有为她们本来能够取得资格的职位而奋斗，那么实质机会的要求就没有得到满足。

与儿童特定的家庭价值观一样，由于儿童生活在一个更大的社会之中，这个社会所盛行的态度也会与此相关。我们或许会对以下这种负面的考量耳熟能详：对社会上的种族主义态度和性别歧视态度的一种反驳是（这不是唯一的反驳），它们让被歧视的群体认为自己不适合从事各种有价值的职业，从而破坏了机会平等。但是，社会态度能够以一种更正面的方式来起到重要的作用。在不违背父母权利的情况下，要让每个孩子的家庭环境都为孩子们提供“良好的条件”，以便他们能够在这些条件下形成关于追求什么样的生活和职业的想法，对此我们能够做的事情少之又少。但社会可以提供一个更大的环境，使得在此环境之下，孩子们能够考虑各种各样的替代方案，并且这些替代方案对于任何一个孩子来说都是可能的选项。[23] 这也许是我们能够做到的

[23] 约瑟夫·费希金提出了这一点。他强调机会平等（他称为“机会多元主义”）的一个条件是社会要体现出某种多元的价值观。参见 *Bottlenecks*, 132-7。这看起来可能会让人感到惊讶，因为多元化社会的可欲性似乎与机会平等的观念是相互分离的。但我刚提出了某种对罗尔斯的“意愿”条件的解释，这种解释能够说明为什么这两者之间会有联系。

最好的事情。

如果我所描述的程序公平和实质机会都实现了——职位在我们所讨论的意义上“向所有人开放”，那么一个人是否会获得某个带有特殊优势的职位，就将取决于这个人的能力（在依赖于制度的意义上）以及他是否选择以必要的方式为这一职位而努力奋斗。然而，我们不应该由此推断出：按照我的观点（或者说，我相信按照罗尔斯的观点），才能（或能力）和发展自身能力的意愿都是个人的特征，并且奖励它们是正义的或恰当的。[24] 虽然这两个因素都会对分配正义产生影响，但它们 65
之所以具有这种规范性的效果，却是基于非常不同的理由。

“才能”的重要性源于对某些优势职位的证成，即一开始设立这些优势职位是有正当理由的；并且它被作为程序公平的依据，也是由这种证成推论而来。而动机作为一种在特定职业中努力工作的倾向，是保持生产力所需要的品质之一；这个特征就像其他形式的才能一样，也是一种得到制度证成的选拔依据。除此之外，正如我已经论证过的，“愿意”去发展自己的才能，这种意愿并不是某种本身值得奖励的个人积极特征。倒不如说，“意愿”的相关性就在于，意愿的**缺乏**——未能利用发展自身才能的机会——能够破坏一个人针对他缺少某些好处而提出的反驳。[25] 但只有在以下这种情况下，意愿的缺乏才具有这种破坏的效果：通过将这个人安置在足够好的条件之下，从而使得他能够通过恰当的选择而获得更多的回报，对此我们已经为他做了足够多的事情。[26]

到此为止，我已经完成了对开放性这个观念的澄清。在以下这两

[24] 费希金提出了类似的建议。参见 *Bottlenecks*, 31。

[25] 努力似乎能够以其他方式来证成更多的回报，我在第八章中对这些方式进行了讨论。

[26] 以“选择的价值”来分析“努力的意愿”的重要性，这也解释了费希金对“起跑门”（starting gate）体制和他所说的“大考社会”（big test society）的反驳。在“大考社会”中，儿童会因其早期的表现而不可挽回地被分成不同的教育路径和职业轨道。然而，大多数这个年龄的孩子都没有处在足够好的条件之下来做出这些重要的人生选择。参见 Fishkin, *Bottlenecks*, 66-74。

种情况下，某个职业就没有在我们所要求的意义上对一个人开放：第一，他没有在足够好的条件下来决定是否从事这个职业；第二，他本该拥有这一职业所要求的能力（这里是在我讨论过的那种依赖于制度的意义上来理解“拥有能力”的），但他却没有机会获得发展这些能力所需要的教育。现在我开始讨论开放性与平等的关系。

作为开放性的一项要求，实质机会要求实现某种平等吗，还是它只要求某些条件的满足需要达到一种充足的程度？后者看起来是正确的，因为开放性所要求的只是人们能够获得**足够**好的教育来发展自己的才能，以及在**足够**好的条件下来选择发展自己的某些才能。罗尔斯要求，那些拥有相同的能力以及具有相同的意愿来发展能力的人，无论他们出生在何种社会阶层，都应该具有“相同的机会”来获取优势职位。罗尔斯的这项要求可能被解释为，人们需要拥有足够好的条件
66 来发展自己的才能，但对这些条件的获取却不应该依赖于他们的社会阶层。[27]

然而，对于发展个人的才能而言，什么样的条件才“足够好”呢？回想一下，我们正在处理的是依赖于制度的能力，它依赖于某些特定的教育形式以及其他发展能力的条件。这意味着，只要下述这种情况为真，它就表明一个来自贫困家庭的小孩具有能力在某个大学项目或某些职业中取得成功：如果他接受过当前最好的学校教育，那么他就会发展出一个人要取得这些成功所需要具备的那些特征。而从发展这些特征的角度来看，当前最好的学校教育意味着这些教育与富人可以为其子女提供的教育一样好。所以在学校教育方面，“足够好”意味着

[27] 罗尔斯写道：“每一个具有相似的动机和天赋的人，都应当拥有大致平等的文化前景和成就前景。那些具有相同能力和志向的人，他们的期望不应当受到其社会阶层的影响。”（*A Theory of Justice*, 63.）

“一样好”。

因此，经济不平等可能会以两种方式来干扰开放性。即便每个人都在足够好的条件下来决定其职业追求并且都能够获得最好的教育，但一个人的家庭经济状况仍然可能会影响他的成功机会。因为富裕的家庭可以通过贿赂、人脉关系或其他操纵制度的方式来影响人们竞选优势职位的过程。这就意味着程序公平受到了侵犯。我在后面会讨论这种可能性。

家庭经济状况可能产生影响的另一种方式是，它会影响开放性的条件在多大程度上得到满足。开放性对两种条件提出了要求。首先，儿童若想要在学校和以后的生活中取得成功，他们就需要具备某些认知能力（如语言技能）和动机倾向（如纪律和志向），所以开放性要求为所有儿童提供幼儿发展这些能力和倾向所需要的条件。虽然这一要求很难得到满足，但正如我之前所说的，阻碍满足这一要求的主要因素是贫困和家庭价值观的多样性，而不是不平等本身。

然而，在中小学教育方面，如果富人孩子的学校比穷人孩子的学
校要好得多，从而使富人孩子能够在高等教育的竞争以及随后的职业 67
竞争中占据主导性的优势地位，那么不平等就会是一个严重的问题。这意味着，以下这种情况会违反开放性的要求：如果穷人的孩子接受了富人的孩子所拥有的那类教育，那么他们在竞选优势职位时将会是具有同等竞争力的候选人；但由于他们实际上没有接受过这种教育，所以他们无法成为那种候选人。换言之，这些孩子本来能够拥有依赖于制度的能力。

我们可以通过改善公共教育来满足开放性的这项要求。但考虑到成本以及合格的学校和师资的短缺，我们也很难满足这一点。此外，这里还存在一种教育军备竞赛的风险。在这种竞赛中，富裕的父母会不

断地提高开放性所要求的教育水平，因为他们会给自己的孩子提供更多的预修课程和其他形式的教育经验，以便让他们的孩子在竞选高等教育时成为更有竞争力的候选人。

因此，为了确保理想的职位在一种重要的意义上向贫困家庭的儿童开放，国家看起来必须不断地为所有儿童提高教育水平和早期发展条件的水平，以便达到最富裕的家庭为其子女所提供的那种水平，或者国家必须限制富裕的父母能够提供的教育优势。这无疑构成了一个两难困境，因为前者看起来极其困难，而后者似乎不可接受。[28]

但值得考虑的是，比起人们所普遍意识到的，这一困难是否更多地在于程序公平难以实现。正如我已经论证过的，为优势职位选拔人才的适当标准，既依赖于这些职位的证成目标，也依赖于这些职位的担任者为了促进这些目标所做的事情。出于讨论的目的，让我们假设这些职位已经得到了证成，并且候选人是由于具备在这些职位上表现优异的（依赖于制度的）能力才被选中的。同样，假设某些教育的目的是为这些职位培养人才，并且为这些教育项目选拔候选人的适当标准依赖于这些项目的组织方式，即依赖于它们预设了哪些技能（而不是它们提供机会去获得哪些技能）。

68 鉴于这种项目的目标和组织方式，如果该项目的选拔过程部分依赖于某些与促进这些目标无关的技能，那么这便违反了程序公平。而如果只有富人才有机会获得上述这些技能，那么这种违反行为将格外不正当。但是，即便不存在与经济地位的这种联系，这在程序上也是不公平的。

如果某些技能与教育项目相关（例如使用某一计算机编程语言的

[28] 机会平等会提倡采取这种措施，这正是哈耶克对机会平等所提出的反驳之一。参见 *The Constitution of Liberty*, 91-3。

能力），那么以下这两种做法可能会具有可行性：第一，预先假定这种技能是合格的申请者应当已经具备的技能；第二，将这种技能的培训作为教育项目本身的一部分。现在假设这种技能确实相关，并且这种技能的培训也可以作为该项目的一部分。再假设，当我们对比已经接受过这种培训的候选人和没有接受过培训的候选人时，能够辨别出哪些人可能在该项目上表现得更出色。也就是说，这是在假设，除了这种特定的计算机编程技能，我们还能够根据他们依赖于制度的能力来对他们进行评价。如果这一点为真，那么以下这种做法就会违背程序公平：虽然一些申请人还没有获得这种技能，但我们能够预测到他们在这个项目上会表现跟那些具备这种技能的人一样出色，并且他们还会获得这种技能；可即便如此，那些已经获得这种技能的申请人还是更受到青睐。尤其是（但不仅仅是）当富裕家庭的申请人更有能力获得这种技能时，这无疑违背了程序公平。

现在假设某个教育项目之前一直在常规课程中提供这种技能培训，但它决定要削减成本了，并通过要求申请人在入学之前应该掌握这种技能来“外包”该项目的这部分内容。而这将使得来自贫困家庭的申请人更难通过竞争来获取入学资格。因此，至少在这种培训可以由“内部”提供而不会引起太大的效率损失的情况下，上述的做法便可能会遭到基于公平的反驳。如果这一点是正确的，那么相反的方向看起来也同样为真：如果一个机构能够在不牺牲太多效率的情况下而提供某种技能的培训，但它却预设了这种技能（作为资格条件），从而使贫穷的申请人处于劣势，那么它可能就会遭受到反驳。当然，为了避免不公平地使某些潜在的申请人处于劣势，这种教育项目必须承担多少此类的代价，这确实是一个问题。在我看来，这个问题与我们之前考虑过的另一个问题属于相同的类型，即为了给予申请人应有的考虑，一个机构在审核申请文件时应当保持多大程度的谨慎。

69 考虑一下美国大学的录取过程这一特定的情况。为了让他们的孩子在大学录取时成为更有竞争力的候选人，富裕的家庭可以做的一件事就是给这些孩子提供诸如此类的东西：预修课程、出国学习语言，以及科学和其他学科的暑期课程。按照我已经提出的论证，只要申请人在大学里也能够获得这些充实项目所提供的技能，那么一种将这些技能视为积极因素的录取过程在程序上就是不公平的。[29] 以申请人在一系列固定的基础课程中的表现作为依据来对他们进行评估，这种做法可以消除或至少减少此类的程序不公平。如果我们采取了这种措施，那么上述两难困境的某个方面就可以避免：我们既不必为所有学生提供这种预科培训，也不必阻止富裕的父母提供这种培训。事实上，我们可以鼓励父母这样做，因为拥有这些额外的技能会让他们的孩子受益，但不会使录取过程对他们有利。但是，如果程序公平没有实现，那么无论为自己的孩子提供这些好处是多么不可抗拒的一件事，这都是一种钻体制漏洞的方法。[30]

我刚才提出的这类录用政策可能会带来的一个影响是，它会大大

---

[29] 在就业方面，这种不公平的例子包括对某种工作实际上不需要的能力的测试，以及优先考虑那些通过无薪实习而获得经验的申请人，因为只有富裕的申请人才能负担得起这种无薪实习。

[30] 这与托马斯·内格尔在《平等与偏祖》(*Equality and Partiality*)第十章中提出的观点有关。内格尔观察到，父母想为其子女做力所能及的事情，这种动机可能会以两种方式构成不平等的根源。在家庭的内部，父母通过教学、辅导和帮助孩子养成良好的习惯，从而在不同的程度上促进了孩子的前景。在家庭之外，父母可能也会想通过“人脉关系”和其他钻体制漏洞的方式来帮助他们的孩子，以便让他们在竞选优势职位的过程中拥有出色的表现。内格尔说，后一种对平等的威胁可以受到规范的约束，从而禁止父母以这些方式来为其子女谋取优势。但社会的运转依赖于父母在家庭内部对他们的孩子有所作为。因此，社会需要鼓励这一点，而不是阻止它或限制它，并且把这种阻止或限制当作一种促进平等的方式。

我所建议的程序公平和实质机会之间的劳动分工，提供了一种稍微不同的方式来看待内格尔所描述的这个问题。如果程序公平实现了，那么我们就没有任何理由去阻止父母尽力促进其子女的教育和发展。但如果程序公平没有实现，并且父母所提供的额外培训和改善会对选拔过程产生不恰当的影响，那么为子女提供这些福利就会干扰程序公平。因此，这种做法就跟试图通过“人脉关系”来为子女谋取好处的做法一样，都是需要我们去阻止的行为。

地增加那些必须被视为具有同等资格的申请人的数量。正如我之前所 70
提议的，程序公平可能会要求在这些候选人之中使用抽签来做决定。[31]这将导致富裕的父母更难在精英机构中为其子女安排位置，从而降低了那种高估此类特定成功的倾向（我在第三章中讨论过这一点），以及降低那种认为此类成功应当以巨大的经济优势作为回报的倾向。

为所有人提供高质量的基础教育，以及当教育会导向优势职位时，在教育选拔的过程中实现程序公平，这些措施都是迈向机会平等的重大步骤。但这些还无法实现这个目标，它们依然留下了两种困难：第一种困难来自很多儿童在幼儿时期的贫穷环境，第二种困难则来自家庭价值观和偏好的差异。然而，这些措施会降低富裕家庭通过支付额外的教育费用而为其子女所提供的竞争优势。剩下的这些问题更多是由贫穷和文化造成的，而不是不平等的产物。

总结一下对机会平等的这个道德剖析：我认为机会平等这个观念是对不平等的“三层证成”的一部分：

> **1. 制度证成**：建立一个会产生这种不平等的制度是有正当理由的。
>
> **2. 程序公平**：虽然这个过程所产生的结果是，其他人获得了这个优势，而抱怨者没有获得这个优势，但这在程序上是公平的。
>
> **3. 实质机会**：尽管抱怨者在这个过程中缺乏必要的资格或其他手段去做得更好，但这一事实没有涉及任何错误的行为。

我在第四章中论证过，程序公平的要求（即根据优点或才能进行

---

[31] 乔恩·埃尔斯特（Jon Elster）指出，许多社会广泛地使用抽签来分配此类稀缺物品。参见 *Local Justice*。

选拔）是对不平等的证成的一个推论，这种证成建立在不平等所带来的福利的基础之上。相关的才能观念是一种依赖于制度的观念。才能指的是这样一些品质：**考虑到**那些职位的组织方式，它们的担任者必须具备这些品质才会使这些职位带来某些福利，而正是这些福利构成了
71 对这些职位的证成。许多程序不公平的情况也是某种意义上的错误歧视的例子。但是，种族歧视和性别歧视所涉及的羞辱和排挤包含了一种特有的错误，这种错误独立于程序不公平。最后，我论证过，我所提出的“关于程序公平的制度性理论”需要由给予所有人应有的考虑这个更进一步的观念来作为补充。

在这一章中，我把实质机会的道德依据定位在这个观念之上，即社会制度必须对它们所适用的全部对象而言是可被证成的。这种证成性至少要求那些带有特殊优势的职位，或许还包括在该社会中人们有理由去重视的其他职业，都必须对所有人开放。在这里，开放性意味着，除了我所描述的那种依赖于制度的能力，这些职业不会基于其他理由而把人们排除在外。

我还论证过，只有当个人在足够好的条件下做出选择时，个人的选择才具有相关的道德重要性。而当责任作为道德评价的先决条件时，一个人要在这种意义上对其选择负责，这里所需要满足的条件就不同于上述那些足够好的条件。未能区分这两种责任形式导致一些人错误地对机会平等采取了一种道德主义的理解方式。

为人们提供足够好的条件，使他们能够对职业追求做出有意义以及具有道德重要性的选择，这一点之所以难以实现是由贫穷和家庭价值观的多样性造成的，而不是由不平等所引起的。然而，在当前的情况下，不平等的确威胁到了这一目标，即结果应当取决于个人的才能（在依赖于制度的意义上）而不是他们的社会环境，因为富人总是能够为其

子女提供比其他人更多的东西。这种不公平的竞争似乎只有通过这两种途径才可能被遏制：第一，消除不平等；第二，限制富人能够为其子女提供的东西。我已经表明，如果程序公平确实实现了，并且优势职位的选拔标准不包含对富人有利的不必要因素，那么这一困难便可以得到缓解，即便没有被消除。而这会对那种为了给所有人提供公平的成功机会所需要的公共教育设置一个上限。然而，在目前的情况下，经济不平等确实是一种对实质机会的严重威胁，因为富人不仅可以为其子女提供更多的东西，而且他们的政治影响力也阻碍了为所有人提 72
供足够好的公共教育。[32]

我一开始就注意到，机会平等有一些不好的名声，因为一些人认为它对不平等提供了不正当的支持。人们对机会平等的思考容易陷入很多误区，接下来我将针对在前面的讨论中已经识别出的一些误区进行评论，并以此作为结尾。首先，重要的是要记住，即便机会平等实现了，它也不是一种对结果不平等的证成，而只是正义的一个必要条件：虽然某些不平等以其他方式得到了证成，但它们必须满足这个必要条件才会在事实上是正义的。

其次，当机会平等事实上还没有实现的时候，不要以为它已经实现了，这一点也很重要。我希望前面的讨论已经表明，机会平等是一个非常苛刻的要求。即便是程序公平也非常难以实现，并且它的实现程度并没有人们通常所设想的那么充分。但机会平等不仅仅要求程序公平，它还要求为所有人提供实质机会。

最后，同样重要的是，我们应当避免我所描述的那种道德主义。为自己努力工作而感到高兴和自豪，甚至对自己和其他努力工作的人

[32] 正如我在第二章和第六章中所讨论的。

产生道德上的认可，以及不认可另一些不努力工作的人，这都不是道德主义。这些感受是相当合理的感受。如果某些社会制度承诺奖励努力工作，而某个人为了追求这种奖励已经努力地工作了，那么他自然会感到自己有资格得到这些奖励。此外，只要这些制度本身已经独立地获得了证成，那么这种感受就会非常合理。但如果认为这些制度已经得到了证成，并且**仅仅因为**穷人不够努力而受到了道德批评，就认为穷人对这些制度的抱怨是得不到证成的，那么这就会是一种道德主义。这种观点既是错误的，也是道德主义的，因为它把焦点放在穷人被假定的（或者即便是真实的）道德错误之上，而忽略了这个关键的问题：这些人是否处在足够好的条件之下来发展他们的才能以及做出相关的决定。

由于这种道德主义的吸引力在心理上具有强大的影响，所以它在政治上意义重大。人们非常渴望相信他们在道德上有资格得到他们已经
73 挣来的那些东西，并且想尽可能多地保留那些东西。不过以下这种观点对这两种利益都构成了威胁：虽然一些人通过某种制度程序挣来了他们的收入，但因为其他人缺乏足够好的条件来参与竞争，所以这种制度程序是不正义的，因此那些已经挣得收入的人应该缴纳更高的税收来纠正这种不正义。道德主义提供了一种逃避这一结论的方式，它允许人们继续相信他们的收入是合法的，并且不必相信他们被要求做出任何牺牲。指出这种思路所涉及的哲学错误可能不会损害其广泛的吸引力，但这仍然是值得做的一件事情。

第六章

政治公平

在许多人看来，经济不平等显然正在对我们的民主社会产生有害的影响。马丁·吉伦斯（Martin Gilens）等人的最新研究似乎支持了这一观点。吉伦斯的研究表明，在富裕公民和贫穷公民有着相互冲突的偏好的那些问题上，政治结果与富人（那些收入在前十分之一的人）的偏好密切相关，而与穷人（那些收入在后十分之一的人）的偏好完全无关。[1] 他说中等收入人群的偏好对政治结果的影响几乎和底层人群一样小，并且这些影响力上的差异与经济地位相关，而不是与教育水平相关。

拉里·巴特尔斯（Larry Bartels）也报告了类似的发现。通过研究参议员在 20 世纪 90 年代的三次国会中针对最低工资、公民权利和预算问题的投票，他发现，比起中等收入选民的观点，这些投票与高收入选民的观点更密切相关，而与低收入选民的观点根本无关。[2] 他认为，尽管穷人比富人更少去投票或更少去联系议员，但这种倾向无法解释

[1] Martin Gilens, “Inequality and Democratic Responsiveness,” and *Affluence and Influence*, chapters 3 and 4.

[2] Larry Bartels, “Economic Inequality and Political Representation.” 后续的研究对吉伦斯的结论提出了一些质疑。参见 Peter K. Enns, “Relative Policy Support and Coincidental Representation”，以及 Omar S. Bashir, “Testing Inferences about American Politics: A Review of the ‘Oligarchy’ Result”，至于吉伦斯的回应，参见 “The Insufficiency of ‘Democracy by Coincidence’: A Response to Peter K. Enns”。

上述的发现。在这些分析中，富人不仅仅指的是那些收入在前百分之一的富豪。吉伦斯关注的是收入在前百分之十的人，而巴特尔斯则将2006年收入超过六万美元的人视为高收入人群。

我在这一章中关注的是这个规范问题：如果情况确实如吉伦斯和
75 巴特尔斯所描述的那样，那么这为什么应当受到反对呢？具体而言，政治制度的公正性（fairness）提出了哪些要求，经济不平等又会如何干涉它呢？

一个自然而然的回答是：吉伦斯和巴特尔斯的研究表明，富人对政治结果的影响要比穷人大得多。罗尔斯也表达了类似的观点。他把某种政治和经济制度称之为“福利国家的资本主义”，并认为这种制度是不正义的，因为它不能阻止“社会中的一小部分人控制经济，以及间接地控制政治生活”。[3] 尽管罗尔斯确实指出，收入和财富的不平等可能导致一个“灰心沮丧的下层阶级”发展壮大，并且这个阶级会“感到被忽视，以及不能参与公共政治文化”，但他的主要反对意见并不是说，福利国家资本主义社会的公民不能像其他社会的公民那样投票或参与政治。[4] 倒不如说，罗尔斯反对的是，这种制度允许某种程度的不平等，从而损害了这些活动对贫困公民而言所具有的“价值”（worth）。他说：“无论公民的社会或经济地位如何，政治自由对所有公民而言所具有的价值必须大致平等，或至少在这个意义上必须充分地平等，即每个人都有公平的机会担任公职以及影响政治决策的结果。”[5]

如果比起穷人而言，政治的结果更有可能符合富人的意见或利益，那么这也许表明这种政治制度存在着许多不同的缺陷。但我认为，只

---

[3]　*Justice as Fairness*, 139.

[4]　杰拉德·高斯在回应罗尔斯的反驳时指出，美国的政治参与程度很高。参见 *The Order of Public Reason*, 515-20。

[5]　*Political Liberalism*, 327.

有其中某些缺陷能被恰当地理解成影响力的问题，并且它们在某些方面会有所不同，而我们需要对这些方面进行区分。我接下来的目标是确定这些不同的缺陷，并考虑它们是如何由经济不平等造成的。

罗尔斯指出，“政治自由的公平价值”这个观念与他的“经济机会的公正平等”观念非常相似，有时候他还会以一种使这个相似之处更加明确的方式来表述前一种观念。例如，他说以下这种情况，政治自由的公平价值便实现了：“无论公民处在哪个经济和社会阶层，那些具有相似天赋和动机的公民都拥有大致平等的机会去影响政府的政策以及获得权威的职位。”[6] 但与“公平的机会平等”的这个相似之处在某些 76
方面并非是完全对应的，接下来我将对此进行探究。不过这个相似之处却可以作为考察政治公平的有益起点，因为我们可以借鉴第四章和第五章对经济机会平等的分析。

在第四章和第五章中，我区分了机会平等的程序方面和实质方面。程序方面由这些制度组成：它们界定了某些优势职位以及这些职位所具有的权力和奖励。如果这些职位获得了证成，并且它们在实际上的运作方式符合对它们的证成，那么程序公平就实现了。而这些制度所界定的优势职位之所以获得证成，是因为当拥有适当资格的个人来担任这些职位时，设立这些职位会带来好的结果。此外，如果选拔机制实际上是根据这些资格来挑选候选人的，那么这些选拔机制也就得到了证成。然而，即便这种产生不平等的制度恰当地进行运作，但也只有当它们所创造的职位对所有人都开放时，它们才可获得证成。这一点对某些背景条件提出了要求，例如它要求人们能够获得那些发展相关资格所需要的教育。我之前把这一点称为“实质机会的要求”。

---

[6]　*Justice as Fairness*, 46.

因此，经济不平等可能会以两种方式来干扰经济机会平等。首先，如果富人能够设立某些得不到证成的优势职位——因为这些职位只对他们有利，或者如果富人能够以某些不正当的方式来影响那些得到证成的职位的选拔过程——因为这些方式会偏袒他们或他们的子女，那么经济不平等就会干扰到程序公平。其次，如果穷人无法进入学校或无法获得与富裕的候选人竞争优势职位所需的其他条件，那么不平等则会干扰到实质机会。

政治公平的实现同样也要求恰当运作的制度和适当的背景条件。但这两个要求之间的关系以及支持它们的理由在很多重要的方面都与经济机会平等的情况有所不同。正如在经济机会平等的情况下一样，政治公平所关注的制度也创造了带有特殊权力的优势职位，并且界定了
77 个人竞选这些职位的机制。但这些制度同时也是做出权威性的政治决策的机制，它们制定了一些要求公民去接受以及遵守的法律和政策。这两个方面是密切相关的，因为这些制度所界定的优势职位包含了做出这些决策的权力，即批准法律法规、做出司法决策和制定行政法规的权力。

正如我已经表明的，经济机会平等所关注的优势职位之所以得到证成，是因为由拥有适当资格的个体来担任这些职位会带来好的结果。对于政治制度所界定的某些职位来说，例如法官或美联储董事会成员的职位，情况可能也是如此。不幸的是，这就是为什么这些职位应该通过任命而不是通过选举来填补空缺，正如在美国，很多法官的职位都是如此。

但立法者、市长或总统等其他职位的情况则截然不同。由合格的个体来行使这些职位所具有的权力会带来好的效果，仅凭这一点并不足以证成这些权力。行使这些权力的人是由民主选举所产生的，这一

事实同样也至关重要。因此，让这些人行使这些权力是我们实现自我管理的一种方式，也就是说，是我们针对该做什么事情——例如该修建什么样的道路，提供什么样的学校和其他福利，以及如何支付这些费用——采取集体决策的一种方式。[7]

对这些权力的证成依赖于许多不同的事情。首先，它依赖于选拔候选人的程序结构以及行使权力以做出权威性决策的程序结构。为了让某人当选公职人员具有合法性，选举就必须具备恰当的形式。例如，如果某些公民被排除在选举之外，或者他们的选票被党派不公正地划分选区（partisan gerrymandering）所稀释了，或某些公职的候选人被排除在考虑之外，那么合法性就会受到损害。但是，即便是公平选举所授予的权力也要受到限制。因此，制度要获得证成就必须以恰当的方式对这些权力进行限制，例如必须保护公民的权利。

不过，即使政治制度的组织方式在程序上是公平的，它们所授予 78
的权力仍然依赖于是否存在着适当的实质性背景条件。即便某些公民拥有选举权和其他参政的权利，可如果他们没有足够的钱去使用那些要成为公职的候选人或进入公共论坛所必需的手段，从而做不了这些事情，那么选举所具有的使权力合法化的力量就会受到损害。

稍后我会继续讨论政治制度的证成性所需要满足的这些条件，以及不平等可能以哪些方式破坏它们。不过我目前关注的是，在这种情况下的证成结构和在经济机会平等的情况下的证成结构之间的差异。在经济机会平等的情况下，尽管优势职位涉及某些自我实现的机会且这些机会有利于优势职位的担任者，但对这些职位的证成主要依据的是它们所产生的结果，而不是它们给担任者所提供的机会。相比之下，政

[7] 对于另一种观点的辩护，参见 Daniel A. Bell, *The China Model*。根据这种观点，政治职务应当依据个人的优点来挑选候选人。

治制度则是一些得到证成的集体自治机制。

由此产生的一个后果是，在制度的证成性和使公民能够参与其中的背景条件之间存在着一种不同的关系。在经济机会平等的情况下，程序公平的标准具有“自上而下”的理由或制度性的理由：因为个人必须具备某些品质才能够在优势职位上发挥作用，从而符合对这些职位的证成，所以优势职位必须依据这些品质来挑选候选人。但这种理由并不需要扩展到实质机会的要求。如果来自富裕家庭的合格候选人足以担任这些职位，那么我们就缺乏任何制度性的理由来确保其他人有机会成为合格的候选人。支持实质机会的理由则是一个独立的、“自下而上”的问题，它建立在这个主张的基础之上：人们不应当被排除在体制之外。但就政治制度而言，情况则截然不同。如果缺乏适当的背景条件意味着许多公民无法有效地行使他们的政治权利，那么政治制度就不是民主自治的适当机制。因此，政治制度的公正性不止提出了某些结构上的要求，而且对这些结构要求的证成还会扩展到对提供背景条件的证成——这些背景条件是人们要参与这些制度所必不可少的。

79 政治公平和经济机会平等之间的另外两个差异也值得注意。第一，广泛的立法权力会允许政治制度改变其合法性所依赖的条件。它们可以通过两种方式来做到这一点：一是改变自身的程序，正如在立法重划选区（legislative redistricting）的情况下便是如此；二是维持或放弃维持那些必要的背景条件，例如这些背景条件包括人们能够接受教育以及获取政治参与的手段。第二，人们重视投票权以及重视以其他方式参与政治的理由之一是，这些权利既是使必要的背景条件更有可能得到满足的手段，也是使政治制度的运作方式更有可能获得证成的手段。

在阐述了经济机会平等和政治公平之间的这些差异之后，让我回到我们应当如何理解政治公平的要求这个问题上来。我引述罗尔斯的那段话似乎表明，政治自由对于人们而言所具有的价值应被理解为，人们在利用这些自由来实现他们的目标这件事上具有多大的成功可能性。我想追问这是否是对政治公平的最佳解释。为了清楚地解决这个问题，区分罗尔斯所提到的两种不同的成功情况是很重要的，即“获取权威职位”和“影响政府的政策”。

罗尔斯所关注的优势职位大概既包括了法官这样的职位，这些职位对个人的选拔建立在实质标准的基础之上；也包括了那些选举职位，它们的相关标准在于一些人通过恰当的程序而当选。尽管有些候选人可能比其他候选人更有资格担任公职，但民主选举的一部分理念就在于由选民来决定选择哪一个候选人。正如我们将看到的，他们有时候可能做得很糟糕。但是政治体制的公正性并不会仅仅因为下述这一事实而受到质疑，即有些人不太可能获得选举职位，因为大多数人（无论明智与否）更喜欢其他的候选人。

由此可见，公平对选举职位所提出的要求并不能以成功的可能性来加以界定，也就是说，不能以实际上获得职位的可能性来加以界定。选举的成功在于说服别人为某个人投票。因此，这种成功严重地依赖于别人的实际反应。假设我们因为提出劣质的论证而无法说服我们的公民同胞来支持我们，或者即便我们之所以失败，是因为他们思想封闭或不理性，从而没有接受我们所提出的实际上无懈可击的论证，但这些情况都不会违背政治上的程序公平。虽然以“成功的可能性”作 80
为公平的标准会造成这种问题，但这并不是一个专门针对平等的问题。出于同样的原因，政治公平似乎并不要求所有潜在的候选人都具备“充足的成功可能性”。这些观点同样适用于罗尔斯所提到的另一种情况，即“影响政府的政策”，至少当人们是通过选举的程序来产生这种影响时，情况便是如此。

由于乔舒亚·科恩（Joshua Cohen）注意到了这一事实，所以他主张，政治公平所要求的并不是人们对于影响政策具有同等的成功可能性，而是人们拥有平等的**机会**来产生政治影响。[8] 在有些人看来，这意味着一个人获得公职或影响政策的成功可能性不应取决于他的经济和社会阶层。但如何解释这种可能性却会产生不同的效果。如果富人之所以在这些事情上更有可能取得成功，是因为大多数选民都特别崇拜有钱人并且相信他们的判断，那么这并不表明这些政治制度是不公平的，无论这可能表明这些选民具有什么样的智慧。然而，如果富人之所以更有可能获得公职或影响政府的政策，是因为更多的财富使得他们更有能力竞选公职以及以其他方式参与政治（例如支持其他政治运动），那么这将表明这些政治制度是不公平的。

由此我得出的结论是，科恩关于政治影响力的机会平等的观点应被理解为，人们应当能够平等地获取（equal access to）某些**手段**，即那些人们通过选举程序来获得公职以及更广泛地影响政策所需要的手段。[9] 例如，在一个公开的会议上，我们可以通过保障每个人有权利使用相同时间的麦克风，来确保人们实现参与权的公平价值，尽管这并没有保证任何人具有任何特殊的成功可能性。

81 然而，这种解决办法依赖于上述特定情况所独有的某些特征：第一，在会议上发言是人们用来影响别人的意见的主要手段；第二，允许每个人在相同的时间内发言是切实可行的。但在一个庞大的社会中，

---

[8] Cohen, “Money, Politics, Political Equality,” 273. 尼科·克洛德尼（Niko Kolodny）也强调了影响力的机会平等这种观念，参见“Rule Over None II: Social Equality and the Justification of Democracy”。克洛德尼主要讨论的是影响力的**形式**机会平等，人们通过投票来行使这种影响力。科恩和我则主要关注的是克洛德尼所说的“影响力的非形式机会”，他在论文的结尾讨论了这一点（332ff.）。

[9] 第五章中关于“意愿”的观点在这里也适用。在相关的意义上，一个人能够获取某种手段，这不仅要求他能够使用这种手段（如果他选择这么做的话），而且还要求他处在一个良好的境况中来决定是否要使用这种手段。

政治影响力的情况并不具备这些特征。我们没有任何切实可行以及合理的方式能够让每个公民在相同的时间内得到所有其他人的关注，甚至只是得到重要公职人员的关注。此外，人们可以通过许多不同形式的个人行动来表达自己的观点，我在此仅列举其中的一小部分——演讲、出版、撰写博客文章、给政治公职人员写信等。要确保每个人都能参与“相同数量”的此类活动，这种做法并不具有可行性。

另一种说法主张，公平所要求的是贫穷的公民和富裕的公民都应该能够获得**充足的**手段来影响选举的进程。我们可以把“充足的手段”定义为这种能力：能够使自己的竞选情况引起广大民众的注意并被他们纳入考虑之中。这在很大程度上看起来是由选举具有使权力合法化的力量这种观念推论而来的。如果选民不知道 B 是候选人，或者他们无法知道 B 所具有的优点，那么选举中的投票实际上并不表明他们更支持 A 而不是 B。

然而，这种充足的概念太弱了。即使几乎所有的选民都知道某个人的参选资格，并且知道他在重要问题上的立场，以及知道他声称拥有的优点，但其他候选人也可能仅仅因为他们的信息被更频繁地重播并且主导着主要公共媒体关于选择候选人的报道，从而获得了胜利。人们愿意在政治竞选上投入大量的资金——他们想必了解自己正在做什么，而且赢得美国大选的候选人几乎总是那个在竞选上投入更多资金的人，这些事实都证明了那些进一步的报道（而不仅仅是被别人知道）会产生不同的影响。[10]

---

[10] 科恩写道：“在 1996 年，比对手投入更多资金的候选人赢得了 92% 的众议院席位和 88% 的参议院席位。”（“Money, Politics, Political Equality,” 281.）正如他所指出的，对这些事实的解释是复杂的，因为在任者更有可能赢得选举，也更善于筹款。科恩总结道：“撇开复杂性不谈，看起来不可否认的是，候选人的成功依赖于他们在筹款上的成功，筹款能力则依赖于他们的表现，而要获得那些提供资金的群体的支持则依赖于他们的行为。通过提供这种支持，捐款人会对选举的结果拥有某种程度的影响力。”（第 283 页）

82 所以，按照我对“充足”所采取的那种最低限度的定义，即使所有公民都能够获得**充足的**手段来宣传自己的观点和参选资格，那些能够投入更多资金的富裕公民依然有更多的成功机会来影响选举的结果。[11] 虽然我们很难定义何谓“拥有平等的手段来影响他人”，但如果某些人有能力投入更多的资金，并且这种能力会导致他们能够获得更多的手段来影响政治的结果，那么这看起来显然会引起反对。事实上，要理解罗尔斯关于“同等的成功可能性”的评论，这看起来是一种最好的方式：它不是一种在字面意义上关于可能性（概率）的主张，而是一种关于获得产生政治影响的手段的主张；也就是说，虽然富人有能力在政治竞选上投入更多的资金，但这种能力不应给予他们某种决定性的优势来影响选举的结果以及影响更广泛的政治结果。

这种反对意见并不是在说：选举的结果应该由针对“问题”进行理性说服的方式来解决，并且一旦有些人能够投入更多的资金来重播他们的信息，或者采取非理性的说服形式，那么这个过程就受到了扭曲。基于这个理由，如果某些政治制度的特征会破坏审议环境的质量，那么它们就应当受到反对。但是，当前的观点却与此不同：无论选举的结果取决于理性的论证，还是在很大程度上或完全由非理性说服的争辩所构成，只要某些人有能力在宣传上投入更多的资金，并且这会导致他们在选举上拥有决定性的优势，那么这种情况就应当受到反对。[12]

为什么我们应当反对富人拥有这种优势呢？我们可能会说，这种

[11] 因此，正如在机会平等的“实质机会”成分的情况下一样，由于我们正在讨论的程序在本质上是竞争性的，从而也是比较性的，所以这会推动一种充分的“充足”概念（an adequate conception of “sufficiency”）迈向平等。我在第五章中论证过，如果大学录取和其他选拔机制确实在程序上是公平的，那么这种影响即便没有被消除，也会受到限制。类似的策略在这种情况下会减少政治竞选对资金的依赖。

[12] 有一些令人沮丧的证据表明，选举事实上是由无关因素决定的。参见 Christopher Achen and Larry Bartels, *Democracy for Realists*。

情况之所以应当受到反对，是因为它意味着贫穷的公民被剥夺了影响选举结果和政治决策的机会，并且导致富裕的公民对选举结果以及随之而来的政策拥有不公平的影响力。但仅凭这一点，这种回答看起来并不令人满意。如果一些人持有不受欢迎的观点并且属于根深蒂固的（entrenched）少数派，那么他们同样也无法影响选举的结果，但这一点似乎并不会以相同的方式引起反对。这里有两个重要的不同之处。 83

首先，根深蒂固的少数派群体之所以缺乏影响力，仅仅是由选民的意见造成的，因此这在多数票决定的制度中是不可避免的。（正如我之前所提到的，仅仅由于许多选民崇拜和信任富人，就可能会让富人拥有优势。）无法平等地获取那些可用来影响他人的手段会导致人们拥有不同的机会来产生影响，并且要消除由这种原因所引起的机会差异可能会很困难，但这种做法与多数票决定的制度并非不相容，它甚至可能会强化这种制度。其次，富人和穷人之间的分歧具有特别广泛的影响。在一个问题上属于少数派的人可能在另一个同等重要的问题上属于多数派。（如果情况并非如此，那么根深蒂固的少数派就更令人不安了。）但在富人和穷人产生分歧的那些问题上，例如提供重要的适当公共教育所需的税收水平，处在失败的那一方会影响到生活的各个方面。如果那些当选的公职人员本身就很富裕，那么政治决策在总体上将被他们特有的经验和利益所塑造。即使撇开其他人的影响，他们也很可能不太了解穷人的需求，并且会对这些需求做出更少的回应，从而更有可能导致平等关切的失败以及没有履行非比较性的义务。

吉伦斯和巴特尔斯所描述的现象确实表明了影响力的机会不平等。[13] 但在评估经济不平等如何影响政治体制的公平时，我们不应只关

[13] 吉伦斯从他的研究得出了这个结论：富人之所以对政治结果拥有更大的影响力，对此的最佳解释是他们在竞选捐款上投入了更多的钱。参见 *Affluence and Influence*, chapter 8。

注公职人员对不同公民的偏好的回应。对于不平等如何影响政治制度的运作，这里还存在着其他的反驳。

正如我在前面提到的，有一些标准会限制民主选举的代表有资格去做哪些事情。例如，侵犯公民权利的法律是不合法的，即便某个体制的选举程序是公平的，并且这些法律在该体制中获得了多数人的
84 支持。投票支持此类法律的立法者将违反那些界定他们的义务的规范（norms），而一个政治体制必须把这些规范包含在内才能够获得证成。如果某种影响力会导致立法者违反这些规范，那么它就应当受到反对。但这种反对不是基于影响力的不平等，而是基于这种影响力所造成的政策。这个观点是一个普遍的观点，只要立法行为具有实质性的标准，那么这个观点就能适用。以下这三类情况看起来就具有这样的标准。

第一，政府有义务为其公民提供某些福利，并且这些福利的供应至少要达到某种最低水平。这些福利包括治安保护、对避免错误定罪的保护，以及基础教育、饮用水、铺设的道路和适当的卫生设施等公共服务。如果立法者或其他公职人员未能为部分市民提供这些福利，那么他们就会因此而受到批评。但这里的指责并不是说公职人员没有受到某些公众的意见或偏好的影响，而是说他们没有对由这些公民的利益提供的理由做出应有的回应。

第二，正如我在第二章中所说的，在超出这些最低限度的要求的情况下，如果公职人员没有提供任何好的理由就为某些公民提供比其他公民更高水平的福利，那么这也应当引起反对。但这种做法之所以引起反对，并不是因为它体现了影响力的不平等，而是因为它涉及某些公民的**利益**比其他公民的利益受到更大的重视，从而违背了平等关切的要求。

第三，在某些情况下，例如涉及军事政策的决定或建设公共建筑

的合同，立法者和其他公职人员有义务以公共利益的考虑作为决策的导向，而不以特定公民的利益作为导向。如果某些决策没有这么做，并且分配资金的目的是让特定个人或特定地区受益，那么这些决策就会受到批评，因为它们没有对相关的理由做出回应。

在所有这三类情况下，按照我之前对“程序”所采取的那种强健意义上的定义，这些反驳都属于程序性的反驳。它们所提出的指责是，政治制度必须以某种方式运作才可得到辩护，但这些政治制度都没有以这种方式来运作，因为公职人员的决策并没有对相关的理由做出回应。因此，这些情况类似于在程序方面违反经济机会平等的那些情况，例如负责招聘或大学录取的工作人员未能挑选出最合格的申请者。（相 85
比之下，由于富人有更大的机会来影响选举，从而使得不平等会干扰政治公平，这种情况类似于我在第四章和第五章中所说的对实质机会的违背。）

在违反我正在讨论的这类程序标准的情况下，**影响力**的观念只是用来解释为什么这些违反行为会发生，而没有用来解释为什么它们应当受到反对。这些违反行为可能是由竞选的捐助者向立法者施加压力造成的，而且捐助者会要求立法者采取对他们有利的政策，正如在经济机会平等的情况下，违反程序公平的行为可能是由富裕的父母为其子女寻求特殊照顾造成的。但不管这种失败是由这类影响造成的，还是由集体忠诚、单纯的懒惰或疏忽造成的，对此的根本反驳都是相同的，即一些人未能对相关的理由做出回应。而当失败是由其中的某一种影响造成时，这种影响之所以应当遭到反对，仅仅是因为它导致决策者没有按照相关的依据来做出决策，而不是因为这种影响比其他人能够产生的影响更大。

在吉伦斯和巴特尔斯所讨论的那些情况中，许多情况看起来都涉及对这类标准的违背。吉伦斯考虑的政策问题包括“提高最低工资，向海地派遣美军，要求雇主提供医疗保险，允许同性恋者参军，等等”。[14] 巴特尔斯的数据则关注的是参议院关于以下这些问题的唱名表决（roll-call votes）：提高最低工资，民权法案是否应涵盖就业歧视，将国防开支的资金转移到援助穷人的项目上，等等。[15] 在这些情况下，立法的决策似乎应当符合某些包含平等关切在内的具体标准。

然而，我正在考虑的这类实质性的标准并不适用于某些政策问题。我们可能会说，在这些情况下，政治的决策就应当反映公民的偏好，因此应当受到公民偏好的影响，并且如果一些公民的偏好比其他公民的偏好受到更大的重视，那么这种做法就是不正当的。例如，由于公民对于哪些计划会促进共同利益这个问题必然存在着分歧，所以当基于促进共同利益的理由来决定哪些计划会得到证成时，立法者就应当对
86 他们所代表的那些公民的观点做出回应。而基于我一直在讨论的理由，如果立法者支持某些有利于特定个体的政策，而不是那些促进共同利益的政策，那么这种做法就应当遭到反对。

同样，我在第二章中提出，政府可以在不同的水平上提供某些公共福利（例如铺设道路）而不会引起反对。不过，一旦确定这种水平的政策被选定了，如果政府为富人的社区或市长朋友的社区更频繁地铺设道路，那么这种做法便违反了平等关切的要求。但是，也许某个城镇上的穷人更愿意使用较少维修的道路以便降低税收，而拥有更多可支配收入的富人则更愿意拥有更好的道路。如果由于城镇议会的成员本身就很富有，或者因为富人对他们的竞选活动提供了更多的捐助，由此导致议会的成员忽视了穷人的偏好而投票支持增加铺路的预算，那

[14] Gilens, “Inequality and Democratic Responsiveness,” 781.
[15] Bartels, “Economic Inequality and Political Representation,” 263.

么这种做法便违反了对公民的偏好作出回应的要求；即便就这种特殊福利的供应而言，这种做法并不会违反平等关切的要求（因为每个人的道路都被维护在相同的水平上）。

哪种决策属于这种类型，这是一个代表伦理（ethics of representation）的问题，即代表什么时候应该充当“受托人”（trustees）而行使他们自己的最佳判断，以及什么时候应该充当表达选民意见的“委托人”（delegates）。就当前的目的而言，我可以对这个问题的答案保持一种开放的态度。我当前的观点仅仅是，在那些立法者应该充当“委托人”的情况下，如果他们总是无视某些公民的偏好，那么这种做法就应当引起反对，正如我刚才提及的其他情况一样。因为在这些情况下，这些公职人员都没有回应那些他们应该回应的理由。例如，在当前的情况下，公职人员就没有对由选民的观点或偏好所提供的理由做出回应。这种批评主要依据的是立法者对相关理由的回应，而不是选民影响他们的能力。

然而，公民应当能够利用投票的权力来保护自己，以免自己的利益受到不公平的忽视。[16] 众所周知，纽约市市长约翰·林赛（John 87
Lindsay）之所以失去共和党的连任市长提名，主要是因为在 1969 年冬季的暴风雪过后，皇后区的居民对于政府没有充分地清除积雪而感到愤怒。林赛最后作为无党派人士勉强获得了连任，但这个教训无疑对他的继任者和其他地方的市长的想法都产生了影响。

如果某个公民群体比其他群体拥有更少的机会来影响政治的结果，那么这将使他们面临着风险，因为他们更难采取上述方式来保护自己。但皇后区的居民所行使的影响力是否合法或者是否过度，这个问题取

[16] 这就是贝茨（Beitz）所说的公民从公平的对待方式中所获得的利益。参见 *Political Equality*, esp. 110-13。在这里，政治公平和机会平等之间存在着一个重要的差异。一个人应当拥有某些手段，以便确保那些自己必须与之打交道的制度是公平的，这种观念并不是经济机会平等的一部分。

决于他们利用选举的权力所要求的是公平的待遇还是特殊的待遇，而不是取决于他们的影响力与其他行政区的居民所拥有的影响力的比较（如果其他行政区的居民选择行使这种影响力的话）。人们可能希望，如果所有人都有平等的机会去产生政治影响，那么他们对于影响结果所具有的各种各样的能力就会达到平衡的状况，从而产生公平的结果。但这不一定是真的。所有公民都有平等的机会来影响政治的结果，这一事实并不能够保证每个人所经受的对待方式都不会违反平等关切的要求或违反某些特定的义务，例如确保每个人能够接受适当教育的义务。

我在第二章中讨论了学校经费的例子，这个例子能够用来说明这一点。正如我在前面提到的，新泽西州的立法机构和堪萨斯州近期的立法机构都拒绝投票支持为贫困学区提供经费，从而使得这些学区达不到宪法规定的教育水平。这些情况都涉及我刚才所讨论的那类程序性错误，即未能履行提供适当教育的义务（这项义务是非比较性的），以及未能遵守平等关切的规范。显而易见，这些情况也表明穷人无法利用政治权利来保护自己免受这种不正义的对待方式，而且他们长期以来都无法做到这一点。[17]穷人的这种无能为力可能是由选举制度的不公平造成的，例如政党不公正地划分选区，也可能是由新泽西州的州长
88 行使单项否决权的权力过大造成的。[18]但在普遍反对加税的情况下，即使贫穷地区的居民并不比其他群体拥有更少的机会去影响他人，他们

[17] 新泽西州的最高法院在 1973 年介入此事，想必资金不足的问题可以追溯到更早的时候。

[18] 在新泽西州的例子中，不公平划分选区的行为可能起到了一定的作用。2000 年人口普查后的立法重划选区比在此之前或之后的几十年都更有利于少数群体。（2001 年，在重划选区委员会任职的拉里·巴特尔斯谈到已被通过的重划选区计划时，说："我认为这将给新泽西人一个公平的机会去对立法者表达他们对立法者的看法。" 参见 *Philadelphia Inquirer*, Apr. 13, 2001。）这项计划生效后，新泽西州的立法机构于 2008 年通过了首个学校资助法案，该法案由新泽西州最高法院批准，以便满足宪法的这个要求：只要某些条件得到满足，政府就必须为所有儿童提供"全面和有效"的学校教育。然而，由于 2010 年新一届州长的选举，这项法案一直没有得到充分实施。而 2010 年人口普查后的重划选区则再次削弱了贫困地区的权力。

依然很有可能无法保护自己免受这类不公平的对待方式。为了提供这种保护，我们还需要采取进一步的措施。一种显而易见的可能措施是把这种保护列入依靠司法审查的宪法要求之中，但新泽西州的情况表明这种策略的效果是有限的。

这种情况也表明不平等可能以另一种方式干扰政治制度的恰当运作，即使它不会干扰选举程序的公正性。如果穷人对于某些重要的服务需要额外的公共供应，但大多数人却足够富裕而没有这个需求，那么我们就很难确保那种为所有人提供这些服务的政策会得到足够多的政治支持。因此，虽然缺乏平等的机会去影响他人会使得一个群体面临着遭受不公平对待的风险，但是支持拥有能力来保护自己免受这种对待的理由与支持拥有平等的机会去影响他人的理由却有着不同的依据。

我之前论证过，政治制度的恰当运作依赖于公职人员遵守某些行为标准，例如平等关切的要求，并且这些标准超越了对选民的偏好的回应。某种政治影响力之所以应当引起反对，是因为它经常诱导公职人员违背这些标准，而不仅仅是因为这种影响力比其他人有机会行使的影响力更大。当前关于学校经费的观点也表明这一点同样适用于选民。我们有一些适用于公民的政府机关的标准（同样也包括平等的关切），除非公民按照这些标准来行使他们的职权，否则政治制度将无法恰当地进行运作。公民光有平等的选票，甚至拥有平等的机会去产生政治影响，这依然是远远不够的。

现在我想更仔细地考察经济不平等如何影响到不同的公民对影响 89
政治结果所拥有的机会。在这里，我们不仅需要考虑公民对影响政治结果所拥有的杠杆手段，例如通过开展政治竞选或捐助其他候选人的竞选，而且需要考虑公民若想充分利用他们所掌握的杠杆手段，哪些条件是必不可少的。所有这些因素都会影响罗尔斯所说的各种政治自由的“价值”。

就投票权而言，要表明某些背景条件是使该项权利具有充分价值所需要满足的条件，这是相当容易的一件事。首先，我们需要为公民提供教育，以便使他们能够理解政治问题并清楚地思考这些问题。我们甚至能够比在经济机会平等的情况下更清楚地看到这一点：这要求人们应当拥有**足够好**的教育，而不是必须拥有平等的教育。所以，对此最直接的威胁不是来自不平等本身，而是来自贫困和免费公共教育的供应不足。不平等之所以是一种威胁，主要是因为，正如我在讨论新泽西州的学校经费时所提到的，比较富裕的社会成员不太愿意为全民的良好公共教育买单。

其次，投票权的价值取决于投票者能否获得必要的信息，以便就如何投票做出明智的决定。既然拥有选票的一个核心目标是让投票者能够对政府的政策和政府官员的表现做出判断，那么关于政府实际做了哪些事情以及不同政策可能会产生什么后果，这一类信息对于投票权的价值来说就格外重要。在一个庞大而复杂的社会里，人们不可能自己收集这类信息。所以，为了让公民能够获取这些信息，我们就需要某些机构（包括大学和智库等机构）来收集这些信息，并且至关重要的是，**我们还需要自由的出版机构和其他公共媒体来传播这些信息**。

因此，**如果政府拥有广泛的法律权力来控制言论和出版的内容，那么选举权的价值就会受到威胁**。但即便法律权力没有限制信息的流动，如果唯一的报纸和广播公司，或者更普遍地说，广泛传播信息的唯一有效机构，都归政府所有或由政府控制，那么这项权利的价值也会受到威胁。政府持有所有权的媒体确实也有可能会以公开和公正的
90 方式进行运作。多年来，英国广播公司（BBC）在这方面的表现似乎与任何私营媒体公司一样出色。不过这依赖于一个政府自我约束的传统

以及一个强大的新闻专业精神的文化，但考虑到政府官员在保留权力和保护自己免受批评这些方面上所具有的利益，这种传统和文化都是靠不住的。因此，政府对通信手段拥有所有权是一个冒险的赌注。

由单独的私营个体或个体的联合企业来控制一个国家的通信手段也构成类似的威胁。同样，私营企业主也有可能会以公开和公正的方式来经营这些机构，从而很好地满足公民的信息需求。但这不太可能是真的。私营企业主可能不会有稳定的动机来保护政府免受批评以及避免难堪。但单独或多个私营企业主在经济和政治事务上仍然具有一套独特的利益，他们完全有理由来保护这些利益。由于威胁的依据在于一些能动者控制了主要的通信机构，并且他们代表着一套独特的利益，所以即便这些机构由多个共享特定经济利益的企业主控制，这种威胁依然存在。只要这些企业主还在争夺市场份额，他们就有动机把自己与其他人区分开来。但作为社会中最富裕阶层的成员，他们也具有重要的共同利益。因此，这是经济不平等损害政治自由的价值的一种重要方式，而在当前的情况下，损害的是选举权的价值。然而，问题并不在于不平等的分配本身，而仅仅在于不平等的财富可以转化为一种特殊的权力。不过正如我们所了解的，这种转化是难以避免的。

为了决定如何投票，公民不仅需要获得信息，而且还需要了解其他潜在选民的意见和意图。了解别人的想法对于做出自己的决定而言是至关重要的；此外，为了制订计划，我们也需要协调自己和他人的行动。皇后区的居民对积雪没有得到充分的清除而感到不满，并且由于他们都是邻居，所以他们能够组成一个有效的团体。但在一个庞大的社会里，有共同利益的公民需要一些其他的沟通方式。他们既需要
了解别人的想法和意图，也需要拥有协调他们的活动的途径，以及拥 91
有就如何投票达成统一立场的途径。政党和其他利益集团的组织为实

现这一点提供了重要的途径。因此，这些组织的存在以及那些使公民更容易形成这些组织的法律和其他条件都会增加选举权的价值，而那些使这一点变得更加困难的法律和政策则损害了这种价值。

现在我开始讨论针对政治问题的发言权和竞选选举职位的权利，而发言权对于竞选权来说无疑是一种重要的手段。这些权利的价值取决于公民是否有能力以一种有效的方式让自己的想法或参选资格引起广大受众的注意。我已经讨论过不平等可能会以这些方式来干扰这种能力：一是富人控制了主要的言论手段；二是穷人没有足够的钱去获取这些手段；三是富人的获取途径要比穷人多得多，以至于穷人的信息被“淹没”了，从而得不到有效的倾听。

有很多策略可以用来缓解不平等的这些影响，包括限制媒体公司的所有权规模以增加竞争，提供公共媒体以降低获取言论手段的成本，为政治竞选提供公共资金，以及限制富裕候选人可以投入的资金数量。我无法在此探究关于这个议题的大量实证文献，但我观察到，鉴于高度的经济不平等，缓解这些问题已被证明是一件很棘手的事情。[19]

人们在言论手段的获取途径上的不平等不仅会威胁到发言权和竞选权的价值，而且也以类似的方式威胁到选举权的价值。如果只有富人才能有效地获取主要的公共言论手段，那么这意味着穷人在政治和社会文化生活中都无法获得那些他们有理由想要的职务。但这一点也会给其他人带来不正当的影响。因为它会使得公共话语所传达的观点的范围缩小了，而这将导致每个人都处在一种更差的境况中来决定应该支持哪些政策，从而损害了投票权对每个人而言所具有的价值。因此，如果只是简单地分析政治结果在多大程度上符合富人和穷人的偏

[19] 问题的性质和可能的解决办法也取决于相关的通信形式。我们很难说这两者会如何随着技术的变化而改变。

好，并且把这些偏好视为既定的偏好，那么作为一种理解不平等可能 92
对政治公平产生哪些影响的方式，这种分析就过于狭隘了。

这也说明了各种政治自由的“价值”是如何相互关联的。对于一个人来说，选举权的价值依赖于他能够获取相关的信息和其他人的意见，而这又依赖于新闻自由和其他人的言论自由。更确切地说，这不仅依赖于媒体和其他人拥有这些权利，并且他们拥有行使这些权利的手段，它还**依赖于他们实际上确实行使了这些权利**。最后一点是任何制度都无法保障的，但制度能够使它更有可能或更不可能发生。因此，如果一些政策会促进或干扰组建政党以及组建其他促进政治参与的社团，那么这些政策在这方面就具有特殊的重要性。

由于政治自由是相互依赖的，所以以下这种做法便具有误导性：仅仅将焦点放在这些自由对于那些拥有它们的人而言所具有的价值，并且把这种价值理解为他们能够利用这些自由来对政治结果产生影响。正如柏拉图在很久以前所指出的，除非一个人处在良好的境况下来决定应当影响其他人去做什么，否则影响他人的能力就是毫无价值的。[20]

我们不仅要考虑权利持有者的利益，而且还要考虑那些因行使这些权利而受到影响的人的利益，这一点是很重要的。并且这种重要性不仅适用于政治权利和自由的价值，而且也适用于对权利内容的恰当理解。例如，言论自由的权利便限制了政府管制和控制言论的权力。这些限制具有正当的理由，因为它们是保护重要利益所必需的手段。因此，要决定某项被提议的管制是否会侵犯言论自由，我们就需要确定它是否涉及某种会对这些利益造成威胁的权力。相关的利益不仅包括潜在发

---

[20] Plato, *Gorgias*, 463-9 et passim. 克洛德尼指出了这一点，参见“Rule Over None II,” 310, 332。这可能也是罗尔斯为什么要强调基本自由的“最佳总体系”的重要性的原因之一。参见 *A Theory of Justice*, 2nd edn, 178-220。

言人从公开表达自己的观点中所获得的利益，而且也包括潜在听众（尤其是选民）从听取其他人的意见中所获得的利益。[21] 例如，在公开会议上限制发言时间，这种做法之所以有正当的理由，不仅是为了让其他人拥有充分的发言机会，而且也是为了让与会的每个人能听到广泛的意见。

93

总结：在第四章和第五章中，我论证过不平等可能会以两种方式来干扰经济机会平等。当人们通过竞选来获得优势职位和那些通往优势职位的教育机会时，不平等便可能会干扰这个竞选过程的公正性。例如，当富裕的家长对大学招生人员或者对公职人员的招聘过程施加影响，从而使其子女比其他更合格的申请人更受到青睐时，上述这种情况便会发生。而如果贫困家庭的孩子无法进入学校，从而无法与富裕家庭的孩子竞争好的工作岗位或大学录取资格，那么经济不平等就会干扰实质机会。

在这一章中，我论证道，不平等可能会以两种类似的方式来干扰政治公平。它可能会干扰政治制度的恰当运作，正如当富裕的公民对立法者或其他公职人员施加影响，从而使他们做出有利于富人利益的决策时，情况便是如此。经济不平等也可能会干扰到政治公平所要求的背景条件，例如贫穷的公民可能没有足够的钱去获取有效的言论手段，因此不太可能在竞选公共职位时成为成功的候选人。政治公平的这两类失败都与影响力有关：在第一种情况下，它指的是富人对当选的公职人员所拥有的那种影响力；而在第二种情况下，人们缺乏平等的机会来影响选举的结果以及影响更广泛的政治决策。

---

[21] 在一些人看来，选民的利益是最重要的。参见 Alexander Meiklejohn, *Political Freedom*。我已经论证过，言论自由的内容取决于潜在参与者、受众成员和受言论影响的旁观者这三种人的利益，以及取决于在其他方面对言论自由的限制。参见我的 “Freedom of Expression and Categories of Expression”。

这个描述总体上是正确的。但我已经论证过：在第一种情况下，当立法者和其他公职人员因受到影响而做出有利于富人利益的决策时，我们对这种行为的根本反驳是，这些决策违反了公职人员的相关行为标准。正如在经济机会平等的情况下那些违反程序公平的行为一样，影响力之所以相关，是因为它解释了为什么这些违反行为会发生，而不是因为它解释了为什么它们应当遭到反对。但富裕的公民之所以能够行使此类影响力，是因为政治公平所需求的背景条件没有得到满足。

这里的根本问题在于人们对主要言论手段的获取。经济不平等导 94
致富人拥有并控制着主要的言论手段，或者导致对这些手段的获取变得非常昂贵。因此，富人拥有更多的机会来影响公众对政治问题的讨论。这不仅对其他希望影响政治结果的人构成了问题，而且它也是所有公民的问题，因为为了决定如何投票以及支持谁，所有公民都需要接触更广泛的意见。此外，由于展开一个成功的政治竞选如此昂贵，所以富人自己更有可能会当选，并且富人还会对其他候选人和公职人员产生影响，因为他们需要依赖富人的捐款。

正如我所说的那样，有各种各样的策略可以用来阻止经济不平等产生这些后果。但经验表明，一旦高度的经济不平等被建立起来了，要阻止它产生这些后果就会非常棘手。

95 第七章

平等、自由与强制

我们经常听到这样一种针对追求平等的反驳，即促进平等会干涉个人的自由，并且这种干涉让人无法接受。例如，罗伯特·诺齐克便以威尔特·张伯伦（Wilt Chamberlain）为例生动地提出了这种反驳；此外，哈耶克等人也都提出了这一点。[1]但一个用来支持更大程度的平等的论证也可以诉诸自由的价值。正如我在第一章中所说的，反对经济不平等的一个理由是，它导致一些人对其他人的生活拥有某种不可接受的控制权。因此，在关于平等的争论中，双方都可以诉诸这种形式或那种形式的自由。我在本章的目标是，通过考察那些有争议的自由观念和我们在乎自由的各种理由来澄清这些争论。

干涉一个人的自由会导致他无法去做他可能想做的事情。所以，几乎从定义上来说，对自由的干涉看起来就是他拥有初步的（prima facie）理由去反对的事情。这一点可能是下述这种想法背后的依据：如果一个行动干涉了某个人的自由，那么我们必须为此提供特殊的证成，

[1] Hayek, *The Constitutions of Liberty*, 87; and "Principles of a Liberal Social Order," in *Studies in Philosophy, Politics and Economics*, 171.

但没有干涉个人自由的行动则不要求提供这种证成。[2] 例如，如果关于某项政策，我们只知道它干涉了某个人的自由，那么我们就有一个显而易见的理由来反对那项政策。因此，为了使这项政策获得证成，它 96
的支持者就必须表明这个显而易见的理由实际上并不适用，或者它被其他的考虑因素压倒了。

然而，这里并没有显示出自由的任何独特之处。因为同样正确的是：如果关于某项政策，我们只知道遵循这项政策会导致一些人变得非常贫穷，并且他们会比在其他可选的政策下要穷得多，那么我们显然也有理由来反对这项政策——这个理由也需要被表明是不适用的或者会被压倒。但即使这种对证成的需要并不是对自由的干涉所独有的，它似乎也表明，自由与平等之间形成了某种鲜明的对比。正如我在第一章中所说的，人们往往不清楚我们有哪些理由来关注平等本身（即关注一些人的拥有物和另一些人的拥有物之间的差异），而不是关注为穷人提供更多的东西。平等似乎是一种毫无意义的模式（正如诺齐克对它的描述），或者只是人们出于嫉妒而关注的事情。

这本书的一个核心主题是：尽管不平等表面上看来并非总是应当受到反对，但在很多情况下，反对不平等都有很好的理由，而我们需要探究这些不同的理由是什么。同样地，就自由而言，存在着不同的方式会导致一个人无法去做他想做的事情，并且对这一事实的反对也存在着不同的理由。因此，要理解自由与平等之间的可能冲突，我们就需要理解在各种情况下发挥作用的不同理由。

我之所以不能做我想做的事情，可能是因为我缺乏必要的资源，

[2] 参见杰拉德·高斯的“基本自由原则”。该原则认为“自由在这个意义上是道德的现状（status quo），即自由不要求提供证成，但对自由的限制则要求提供证成”（Gaus, *Social Philosophy*, 119）。此外，也可参见他对自由推定的讨论（*The Order of Public Reason*, 340–8）。

而这些资源是某些人或机构所能够提供的，他们甚至可能积极地阻止我拥有这些资源。此外，我之所以找不到工作，也许是因为我缺乏必要的教育，并且我可能是因为负担不起学费才无法接受这种教育。同样地，我之所以无法到达我想去的地方，则可能是因为我没有汽车，也没有钱去购买或租用一辆汽车。

哈耶克会说，我在这类情况下并不缺乏自由（liberty），而只是缺乏做我想做的事情的权力（power）。他认为，将自由等同于这类权力会忽视自由的核心内容，因为这会导致我的自由总是随着我的财富的增减而增减。哈耶克说，只有当别人通过身体的强迫（或强制）来阻止我去做我想做的事情时，我的**自由**才会受到干涉。他说，这一点会发生在以下这种情况之中："某个人的环境或处境受到了另一个人的控制，
97 为了避免更糟糕的恶果，他被迫服务于另一个人的目的，从而不能按照他的连贯计划来采取行动。"[3]

自由与权力的这种区分对于哈耶克捍卫他自己所支持的立场而言是至关重要的。保障基本收入会让很多穷人增加他们的权力，从而使得他们能够做他们有理由想做的事情。虽然这项政策需要通过税收来获得支持，并且这种税收干涉了自由，但如果增加穷人的权力可算作增加他们的自由，那么这种自由的增加就需要与对自由的干涉相权衡，而且前者可能比后者更重要。可哈耶克会拒绝这种观点。在他看来，虽然税收会干涉自由，但保障收入却不会增加自由，因为后者只是给予人们更多的权力去得到他们想要的东西。

哈耶克正确地指出，许多强制的情况会具有某种独特的不正当之处，而且并非每次某个人由于缺乏手段而无法得到他想要的东西，这

---

[3] *The Constitution of Liberty*, 20-1, 133.

种不正当的特征都会直接呈现出来。例如，在刚才提到的那些例子中，我之所以无法接受教育或无法到达我想去的地方，并不是因为某个人以处罚来威胁我，以便让我服从他的这个“计划”——让我别做这些特定的事情。

但在这些情况下，我之所以无法得到我想要的东西，确实是由强制导致的。缺钱之所以导致我无法去做我想做的事情，是因为如果我要得到我想要的东西，那么我必须拥有或使用别人的财产。而只有当我拿钱和别人交换时，他才会允许我拥有或使用他的财产。我不能简单地把某辆车开走，因为周围所有的汽车都属于某些人的财产。法律禁止我在未经物主许可的情况下使用这些汽车，否则我将受到惩罚。因此，我之所以无法在缺钱的情况下得到我想要的东西，这是由财产权导致的，并且这种财产权受到强制的支持，而且这一点在这些情况下都为真：按照哈耶克的说法，在我获得我想要的东西的权力会随着财富的增加而增加的那些情况下。

罗伯特·黑尔（Robert Hale）很久之前就强调过这种“背景强制”（background coercion）的重要性。[4] 但黑尔接着提出了一个不太可信的主张。他说，如果协议的一方之所以同意某些条款，只是由于另一方的坚持使得他不得不同意，那么第一方的同意就是被强迫的。在我所举 98
的例子中，如果我拿出原本用来购买食物的钱，去租用一辆我参加工作面试需要用到的汽车，那么黑尔会说，我是被迫支付这笔钱的。他很快补充道，这并不意味着租赁公司在这种情况下所做的事情是不被允许的，也不意味着我和他们签订的合同由于不是自愿的，所以是无

---

[4]　Hale, “Coercion and Distribution in a Supposedly Non-coercive State.” G. A. 科恩也提出了同样的观点，参见“Justice, Freedom, and Market Transactions”。对黑尔的观点的讨论，参见 Barbara Fried, *The Progressive Assault on Laissez Faire*。

效的。黑尔说，某件事情是否涉及这种意义上的强迫与它是否是错误的，这是两个独立的问题。但这样一来，每一种互惠互利的**等价**（quid pro quo）交换就都是强制性的交换，而这种说法看起来是对习惯用语的滥用，它甚至可能破坏了强制这一观念所具有的大部分力量。[5]

然而，哈耶克关于自由和权力的区分所引人注目之处，并不在于他区分了强制和其他导致某个人无法做他想做的事情的方式，而在于他区分了两种理由来反对某些因素阻碍某个人去做他想做的事情，不管这些因素属不属于强制。一方面，我们有理由反对某些因素导致我们珍视的某个选项变得不可获取，或者我们只能以更高的代价或风险来获得它。这个理由的强度仅仅取决于我们有多强的理由想要获得那个选项。但另一方面，我们还有一种独立的理由来反对被另一个人控制，并且不得不以哈耶克所描述的那种方式来服从他的意愿。[6] 支持这个反驳的理由具有多样性，并且这些理由不仅取决于那些更难获取的选项所具有的价值，也取决于其他的因素——在此我将提及其中的三种因素。

第一，反对服从另一个人的意愿的理由取决于控制者与被控制者之间的关系。比起受到陌生人或长期对手的控制，受到家人或爱人的控制所引起的反对程度可能会更小（也许在某些情况下，它会引起更强烈的反对）。

99 第二，反对被另一个人控制的理由取决于这个人有多大的自主决定权来决定你的行动。正如哈耶克所注意到的，当强制是由法律来规

[5] 尽管当我们仅仅以这种等价的方式来理解交换时，它从道德的角度来看可能不太理想。对交换如何可能缺乏这种不正当的特征的调查，参见 A. J. Julius's "The Possibility of Exchange"。

[6] 这个理由一直被共和主义传统的政治哲学家所强调。参见 Philip Pettit's *Republicanism* 和 *Just Freedom*，以及 Quentin Skinner's *Liberty Before Liberalism*, chapter 2, esp. 84。

定时，它引起的反对程度会更小。[7] 这在一定程度上可能是因为法律导致干涉变得更加可预测，从而允许人们在制订计划时能够把干涉纳入考虑之中。但除此之外，这里还有一种个人的因素：如果某个人能够命令另一个人做他想做的任何事情，那么他们之间的这种关系就会比下述这种不同的关系遭到更强烈的反对，即某个人只能以法律规定的方式和理由来命令另一个人，并且这些法律既不是由他选择的，也不是他能够改变的。在第一种情况下，某个人以一种格外不正当的方式依赖于另一个人的意愿。

第三，受制于另一个人的控制会引起多大程度的反对也取决于我们的生活在哪些方面受到了控制。如果我们如何度过自己的私人生活（例如要和谁结婚）受制于某个人的命令，那么这要比某个人对我们的行为施加其他限制更糟糕（例如限制我们在盖房子时与我们的地产边界线保持多近的距离）。支持这一点的一个理由是，如果个人的选择是由别人决定的或者强烈地受到别人的影响（无论别人是通过威胁还是通过提供诸如金钱或工作等物品来施加这种影响），那么许多个人选择（例如配偶的选择）的意义就会被改变，而且通常都会遭到破坏。重要的是，某些选择应当只取决于我们自身所持有的理由，并且仅仅取决于某类特定的理由（例如经济收益以外的理由）。

因此，哈耶克所做的区分要比以下这个区分更加深入，即区分强制和以其他方式来限制一个人获得他想要的东西的能力。这一点可以由下述这个事实展现出来：为了理解强制有哪些应被反对的地方以及为了决定强制何时可以得到证成，我们需要考虑我正在区分的这两类反驳。

---

[7] *The Constitution of Liberty*, 21. 佩迪特（Pettit）和斯金纳（Skinner）也强调，不自由的不正当之处在于它意味着服从另一个人的**任意的**意愿（*Republicanism*, 55-7; *Liberty Before Liberalism*, 70）。

在大多数情况下，强制会同时遭到这两类反驳。它通常包含着某种威胁——“除非你做 A，否则我就会做 B”；在此，B 是受到威胁的那个人有很好的理由想要避免的东西。因此，这个人就有了我所提及
100 的第一种理由来反对威胁，因为这种威胁导致他无法选择在不遭受惩罚的情况下不去做 A，从而使得他的选择处境变得更差。此外，这种威胁之所以应被反对，也可能是因为服从这种威胁意味着一个人要处在另一个人的控制之下。提供东西给别人通常不会被视为是强制性的，因为这种做法会改善一个人的选择处境，所以不会遭到第一类反驳。

但提供东西给别人可能会以第二种方式而遭到反对。假设你的一个有钱的叔叔跟你说，如果你放弃立刻结婚的计划，他就会给你买一辆车。现在，你仍然可以选择不拿他的车然后立刻去结婚，并且你还有一个新的附加选项，即选择拿他的车然后迟一点再结婚。所以，看起来你的一系列选项并没有因为你叔叔的提议而变得更糟，甚至可能还有所改善。（尽管立刻结婚这件事对你的生活意义而言可能会有所改变，因为它现在涉及放弃得到一辆你可能需要的汽车的机会。）然而，这种情况之所以看起来像是一种强制，是因为你的叔叔试图控制你关于是否立刻结婚的决定。但这种决定是你有格外强有力的理由想要由你自己来做出的决定，亦即想要独立于其他人的控制或影响。

强制性的威胁（或实际上是“强制性的”提议）是否可被允许，取决于许多因素，其中至少包括：（1）那个被阻止、变得更难获取或变得更缺乏吸引力的选项具有多大的价值，以及一个人对于参与这个选项所具有的资格；（2）如果一个人不服从这个已被提出的要求，会有多大的损失；（3）威胁者在剥夺你的这个选项时所具有的资格（姑且不论强制）；以及（4）服从这个要求涉及以这种特定的方式受到另一个人

的控制。

让我们先考虑一下这个典型的例子：某个抢劫犯拿着枪对着你说：“要钱还是要命！”首先，在这种情况下，你既有理由想要保住你自己的钱，也有理由想要活下去。此外，还有这么一个事实（它独立于任何与强制有关的问题），那就是你有资格保留你的钱，而且强盗没有权利杀你。在我看来，这一点就足以使得抢劫犯的这种行为不被允许（impermissible）。但除此之外，你还会有别的理由来反对受到抢劫犯的控制，因为不得不屈服于这种要求会让人感到羞辱。这类理由在其他情况下甚至会更加重要。

例如，考虑以下这种情况：某个雇主在经济上有很好的理由来减少他的劳动力，于是他对他的一个员工说，除非她愿意和他发生性关 101
系，否则他会解雇她。在这种情况下，这个员工并没有资格要求继续工作，而且雇主有权利可以解雇她（这里姑且不论强制是否可被允许，因为它是我们正在讨论的问题）。雇主的这种行为之所以不被允许，是因为我们不允许他以一种格外不正当的方式来利用这种解雇员工的权利去迫使员工服从他的计划；而这种方式之所以格外不正当，是因为它所涉及的那种选择具有个人重要性。由此得出的结论是，尽管基于经济效率的理由（也许还有其他理由），雇主必须拥有权利来决定雇用哪个员工以及解雇哪个员工，但我们不允许他们以上述这种方式来使用这种权力（就此而言，我们也不允许他们使用这种权力向员工或潜在员工索取礼物或其他好处）。

现在考虑一下刑法所涉及的强制。刑法会引起证成的问题，因为它所施加的惩罚涉及极其严重的损失，例如监禁、失去财产，甚至可能是失去生命；而人们通常有资格要求避免遭受这些损失。尽管如此，许多刑法看起来明确地获得了证成，因为这些法律为每个人提供了保护，也因为那些被制裁的特定行为是人们没有任何好的理由去参与的行为，例如谋杀和持械抢劫。受制于这样的法律涉及被其他人控制，这个事实看起来并不是一个关键的因素。

当人们针对法律——例如针对环境法、分区法规、职业健康和安全条例，以及更新近的税法——提出反对意见时，在很多情况下，这些反对意见主要是基于那些被阻止的机会所具有的价值，而不是基于遵守这些法律涉及被其他能动者控制。当法律管制更私人的行为时，例如那些禁止吸毒的法律或要求摩托车手戴头盔的法律，后一类反对意见会变得最明显。在此，除了机会的损失之外，我们对由别人来告诉我们“该如何生活”这件事也会有合理的不满。即便我们不重视相关的机会（比如说，我们永远都不会想到要不戴头盔去骑摩托车），我们可能也有理由感到不满。

从广义上来说，只要一个行动或政策对某个行动的过程添加了一个别人不想要的结果，并以此来阻止别人采取这个行动，那么它就是强制性的。而任何广义上的强制性的行动或政策可能都会遭到我正在讨
102 论的这两类初步的反驳。因此，要决定这种强制性的行动或政策是否可被允许，我们既需要考虑人们想要避免服从这种要求的这两类理由，也需要考虑允许提出这种要求的那些理由。我现在的观点是，我们有多种多样的理由来反对广义上的强制性要求，这既包括那些想要获得某些机会的理由（即想要获得哈耶克所说的权力），也包括那些反对被另一个人控制的理由。

有了这些关于自由和强制的想法作为背景，现在让我开始谈一谈关于自由和促进平等之间的冲突问题。促进平等的一种方式是实施再分配的税收，这种税收从一些人那里取走资源，以便为其他人提供福利。而另一种促进平等或避免不平等的方式则是实施所谓的**预分配**

（predistribution），即实施某些法律和政策来决定人们的税前收入。[8] 例如，经济制度的某些方面会造成税前收入和财富的不平等，而罗尔斯的差别原则被认为主要适用于这些方面。保护知识产权的法律就是一个很好的例子。如果迪士尼公司和默克公司所持有的专利权和版权的时间没有像现在这么久，那么这些公司就不会像现在这么富有。可以说，知识产权的范围越窄，不平等的程度就会越小。基于我即将讨论的理由，预分配会是一个更根本的问题。但由于再分配的税收备受关注，所以我将首先对它进行考察。

税收似乎是一个干涉自由的典型例子。如果一个人不把一部分收入上缴为税款就会被罚款或受到监禁，那么他就更难以用必须缴纳的钱去做自己想做的事情。此外，税收往往涉及一个人被迫为其他人的目的服务，而不是为自己的目的服务，例如为自己不赞成的战争买单，或者为自己认为不应得某些福利的人提供福利，以及为自己认为是浪费金钱的体育馆或博物馆等项目买单。当法律要求某个人去偿还他欠下 103
的租金或其他债务时，这一要求并不会以上述这种方式遭到反对，只要这些债务是他为了追求自己的目标自愿承担的，而不是由别人的意愿强加在他身上。

也许有人会回应，只要这些税款是由一个合法的政治和法律秩序所征收的，并且这一秩序已经批准了这些税款用于支付的那些费用，那么我们就仍然欠下这些税款。因此，在纳税中必须上缴的那些钱，就像欠下租金的那些钱一样，并不是一个人有资格保留并随意支配的钱。但可能有人会说，这种回应乞题（question-begging）了，因为它假定了

[8] 我从雅各布·哈克（Jacob S. Hacker）那里沿用了“预分配”这一术语，参见“The Institutional Foundations of Middle-Class Democracy”。詹姆斯·罗伯森（James Robertson）在更早的时候使用过这个术语，参见“The Future of Money”。马丁·奥尼尔（Martin O'Neill）和萨德·威廉姆森（Thad Williamson）更广泛地讨论了这个概念，参见“The Promise of Predistribution”。

税法的合法性，而这是我们正在争论的观点。然而，声称一个人有资格获得他的税前收入同样也预设了某个特定的政治和法律框架具有合法性，人们正是在这个框架下来赚取他们的税前收入。而税法正是这个框架的一部分，它与这个框架的其他法律（包括界定财产权的法律）具有相同的法律依据。因此，以下这种主张便是毫无意义的：因为税收剥夺了某个人的东西，并且这些东西**根据这个法律框架**应当归他所有，所以税收是非法的。[9]

由此可见，要理解对再分配的税收的反驳，最佳的方式并不是把它理解为：因为再分配的税收剥夺了人们的一部分税前收入，而这些收入是人们已经挣来的收入，并且根据他们置身其中的那些特定的法律制度，他们有资格获得这些收入，所以再分配的税收是不正当的。恰恰相反，对再分配的税收的反驳应当被理解为：如果某个法律和政治制度允许再分配的税收，那么这个制度因此就是不正义的。（并且人们在此制度之内所赚取的税前收入也因此在道德上受到了某种程度的污染）。[10]

然而，任何合理的观点都会允许**某些**形式的税收。例如，假设在一些人看来，为执法和国防所缴纳的税款是合法的，而且只有这些税款才是合法的。那么按照这种观点，尽管法律要求人们支付这些税款（否则他们就会受到罚款或监禁等法律处罚），但这些法律不会被看作是对个人自由的不正当干涉。这些法律会是强制性的，并且通过减少人们的可支配收入，它们也以某种方式减少了人们可用来追求目标的

[9] 这就是墨菲（Murphy）和内格尔（Nagel）在《所有权的神话》（*The myth of Ownership*）中所提出的观点，他们对所谓的“日常的自由至上主义”提出了反对意见。参见 *The Myth of Ownership*, esp. 31-8。

[10] 墨菲和内格尔讨论了这种形式的自由至上主义，并把它与“日常的”自由至上主义进行对比，参见 pp. 64-6。

手段；不过这些税收使得某些保护成为可能，所以它们也以其他方式 104
增加了人们可用来追求目标的手段。

人们在这个制度下用来纳税的钱，就像他们用来支付房租的钱一样，必须是**他们**自己的钱；也就是说，别人从他们的银行账户中拿走这些钱是错误的。但这种税收“拿走”了人们在这个意义上所拥有的钱，这并不构成对这种税收的初步反驳（即一个需要被克服的反驳），因为人们没有资格保留这笔钱。然而，这不是因为他们保留这笔钱的权利被其他考虑因素**压倒**了。我们保留支付房租的那笔钱的权利也没有被房东的要求所压倒。恰恰相反，我们并不拥有这种权利，因为我们已经签订了租约，或者在税收的例子中，因为我们是（有效的）税法的适用对象。

对这个案例进行归纳总结，我得出的结论是：执行税法本身并不是问题。如果一个人欠下了某个东西，那么要求他偿还这个东西并不是一种对他的自由或财产权的不正当干涉。问题在于我们可以合法地认为人们欠下哪些税款。这个关于一般的税收合法性的问题是我之前所说的预分配问题的一部分；也就是说，它是一个关于整体框架的合法性问题，而人们在此框架之内获得财产并交换财产以及赚取收入。举例来说，问题可能是：如果某个制度只允许一个人保留他从某些交易中所获得的一部分东西，那么这个制度是否可被证成？或者说，一个可被证成的制度是否必须允许这种交易的一方能够保留另一方所提供的全部东西？[11]

要确定某个制度框架所包含的税法是否具有合法性，我们既需要考虑为制定这些法律所提供的证成，也需要考虑针对它们的反驳以及

[11] 这种方式也可以用来表述墨菲和内格尔的著作的一个主要观点。不过，《再分配和预分配》作为书名就不如《所有权的神话》（*The Myth of Ownership*）那么简洁有趣。

它们被认为可能受到的限制。

以下是税法可能采取的三种证成形式。第一，对税法的证成可能基于下述这个理由：政治制度是一种做出集体决策以便执行计划的合法方式，这些税法则是一种为实施这些计划而筹集所需资金的公平方
105 式。虽然我认为税法能够以这种方式来获得证成，但我不会在这里探究这类证成形式，因为它不仅需要捍卫一种政治合法性的一般理论，而且它也不太可能诉诸平等的考量。

税收的第二种证成形式则认为，为了让法律和政治制度本身（包括它所包含的财产法）能够获得证成，我们必须提供某些福利，而征税则是一种为这些福利买单的公平方式。例如，这些福利可能包括教育和其他为了让社会中的每个人都有机会参与经济所必需的条件，以及那些为了让他们在政治进程中发挥有效的作用所必需的条件。第三种证成形式则主张，征税只是为了减少不平等，因为不平等本身就是不正义的，或者因为不平等会带来有害的后果，例如导致政治制度的腐败。

我在前面的章节中（特别是第五章和第六章）讨论过第二种类型的论证。出于讨论的目的，我在这里把它们罗列出来，并且接下来还会提及某个更深入的论证。但本章的主要目的是考察另一方的论证。而另一方所提出的一个论证是，因为税收与人们所拥有的独立于任何社会制度的财产权是不相容的，所以它是不正当的。这并不是目前最普遍的观点。[12] 但值得考虑的是，为什么它会具有吸引力。

这个观点具有吸引力的一个理由可能是，人们认为那些界定财产权的社会制度有可能会遭到道德批评。换言之，不是任何界定这些权利

[12] 以下这些人都拒绝这种观点：Hayek, *The Constitution of Liberty*, 158-9; Friedman, *Capitalism and Freedom*, 26; 以及更近的 Gaus, *The Order of Public Reason*, 509。持不同意见的人则包括 Nozick 和 Eric Mack, “The Natural Right of Property”。

的方式都是合法的。这种批评看起来必须以人们拥有某些独立于此类制度的权利作为依据，而财产权似乎是一个显而易见的备选答案。另一个更具体的支持理由则是，人们可以想象出一些明显错误的行为，它们完全独立于任何社会制度，并且它们看起来之所以是错误的，是因为它们涉及侵犯财产权。

假设某个家庭清理了一些土地，之后种上了庄稼以维持冬天的生存，而且他们在这样做的时候并没有错误地对待任何人——用洛克的话来说，他们给其他人留下了“足够多和同样好的东西”。如果一群武装人员随后走过来取走这些庄稼，那么这显然是错误的。用契约论的术语来说，任何允许这种行为的原则都是一种可以被合理地拒绝的原则。 106

拒绝这样一个原则的理由是，如果人们处在那个家庭的位置之上，那么他们必须能够养活自己，并且能够对将来使用某些物品拥有足够的信心，以便使得投入时间和精力来制造这些物品对于他们而言会是一种理性的行为。这些理由足以拒绝一个允许取走这些庄稼的原则，因为这里并不存在着同等强有力的理由来支持应当允许取走这些庄稼。由于那个家庭的行为已经给其他人留下了“足够多和同样好的东西”，所以其他人有机会采取与那个家庭相同的方式来养活自己。

我们既有理由想要控制那些用来维持生存的必需品，也有理由想要稳定而持续地控制这些财产——这是我们要制订和实施自己的计划所必不可少的。这些理由都是拒绝上述那个原则的理由，并且它们都是我们最基本的个人财产利益，也是使得个人财产权变得如此重要的原因。[13] 所以，人们自然而然会得出这样的结论：我们所设想的那个行为是错误的，因为它侵犯了那个家庭的财产权。但这是一种误解。侵

[13] 参见 Freeman, “Capitalism in the Classical and High Liberal Traditions,” 31 and n. 27, 和 Rawls, *A Theory of Justice*, 53, 54。

犯财产权的错误在若干方面上都不同于干涉某些利益的“自然的”错误（“natural” wrongfulness），即便正是那些利益使得财产变得重要。

我所描述的那种明显的自然的错误确实是存在的，因为在有些情况下，作恶者显然已经干涉受害人，并且是在他们没有正当理由的情况下这样做的。但在很多情况下，我们并不清楚哪些行为构成了干涉。如果我在你的土地下面挖隧道来开采矿床，但你却不知道那里有矿床，那么我有没有干涉你呢？或者说，如果我在我们的财产分界线附近挖一口井来开采石油，但大部分石油都位于你的土地之下，那么我有没有干涉你呢？财产的社会制度所做的一件事就是，界定人们对土地的控制权和对其他服务于我所列出的基本财产利益的物品的控制权。如果既定的制度以一种可辩护的方式界定了这些控制权，那么侵犯它们所界定的权利就是错误的，无论某种特定的侵犯实际上是否涉及对受害人的生活和活动的干涉——在干涉被理解为独立于这种制度的意义上。
107 而且不管能动者在那种特定的情况下是否拥有某些提供了“足够多和同样好的东西”的替代方案，这种侵犯都可能是错误的。

由制度界定的财产权还包括转让权，即授予他人对某个物品的排他（exclusive）使用权，而这种权利并不取决于第三方对该物品的使用是否会在一种独立于这种制度的意义上干涉受让方对该物品的使用。此外，受让方所获得的排他使用权也不取决于那些被禁止使用该物品的人是否能够拥有“足够多和同样好的东西”。转让本身就授予了一种禁止他人使用的权利。这允许以下这种情况的发生：人们想要获得那个被转让的物品的主要理由，仅仅是为了拥有权力来禁止其他人使用它，以便要求其他人为使用它而支付更高的价格。例如，人们可以把该物品保留到之后的某个时期，在此时期，需求的增加或供应的不足导致该物品的价格上涨。为了以后的交换而保留某个物品，这是对这个物品的一种使用方式，但这种使用方式本身就依赖于一种禁止别人使用它的权力（而不仅仅是受到这种权力的保护）。

这并不是说，这类权利无法得到证成；而只是说，我们不能通过我一直在讨论的那类免于干涉（non-interference）的论证来证成这类权利。尽管人们需要保护这些最基本的个人财产利益，但除了基于这个需求以外，制度所制定的财产权还可以基于其他工具性理由来获得证成。这种证成必须考虑在特定情况下建立这种制度所带来的全部后果，包括它的分配效果。知识产权就是这类权利的一个极端例子，它们是通过习俗或立法来制定的，并且可以用来转让和交换。

如果人们用“财产权”来指代这样一些权利——它们以上述方式超越了免于干涉的要求，并且这些权利的持有者还有权力将它们转让给其他人，那么所有财产权都会以这两种方式依赖于社会制度：第一，它们是由社会制度来界定的；第二，对它们的证成依赖于对这些制度的证成。因此，不存在自然的财产权这一事实并不意味着，无论制度以哪种方式来塑造和修改财产权，都不会遭到道德批评。[14] 制度能够界定财产权的方式是有限的，因为这些权利必须以某种方式去促进和保 108
护重要利益，或者更广泛地说，必须与重要利益相容，否则它们将无法获得证成。这些重要利益包括但不限于我所说的我们最基本的个人财产利益，而正如我已经论证过的，这种利益能够成为那些独立于任何制度的错误行为的依据。

当一种特定的产权制度采取了我所描述的那种充分扩展的形式时，这种制度是否可被证成，以及侵犯它所界定的权利是否因此是错误的，就取决于这种制度所创造的占有制度和交易制度（system of holdings

[14] 针对墨菲和内格尔的《所有权的神话》，一些批评者错误地把他们在书中捍卫的观点解读成蕴含着这一点。

and exchange）的效果。如果这种制度所提供的好处足够重要，从而使得人们无法合理地反对这种制度禁止他们去使用他们有理由想要的物品和其他机会，那么这种制度就能够获得证成。[15] 自由的考量（包括但不限于人们有理由来反对别人告诉自己该做什么）和经济效率的考量都在回答这个问题时发挥着某种作用。只要我们有理由来反对不平等（基于不平等的后果或其他理由），那么这些理由也应当在这个过程中发挥着某种作用。权利体系的证成性取决于所有这些理由如何达到平衡。

一些例子可用来说明这个证成的过程。首先考虑个人财产的占有权和交易权的情况。我们有强有力的理由想要能够使用我们的生活空间以及使用那些执行我们的生活计划所需的物品，并且有强有力的理由想要禁止其他人使用这些东西。因为我们需要指望我们在以后也能够使用那些执行我们的计划所需的物品，所以我们有理由禁止其他人使用它们。而如果界定或重新界定财产权的方式与这些最基本的理由不相容，那么它们就会在道德上遭到强烈的反对。但这并不意味着：对于我可能拥有的任何计划而言，如果一个法律制度没有为我提供对执行该计划所需的物品的控制权，那么它就会遭到反对。因为其他人也有理由去执行**他们的**计划，而给予我这种控制权可能会与他们所拥有的理由不相容。[16]

109 这意味着，一种可辩护的产权制度在界定那些权利时需要对**每个人**所拥有的这类理由做出回应。通常有不同的方式可以做到这一点，而

[15] 当诺齐克意识到需要添加他的洛克式的限制性条款（Lockean Proviso）时，他也认可了这个一般性的观点。参见 *Anarchy, State, and Utopia*, 175-82。我们之间的区别在于，他认为证成性的门槛非常低。

[16] 诺齐克关于选择结婚对象的例子生动地说明了这一点，参见 “Having a Say over What Affects You” in *Anarchy, State, and Utopia*, 268-71。他正确地指出，我们并不具有某种一般的**权利**来要求对那些影响我们的事情拥有发言权。但是，一些界定权利的方式仍然可能会遭到反对，因为某些特定的方式会剥夺一些人对生活的控制权。因此，诺齐克所回应的那种反驳并不需要被表述为他所表明的那类不可辩护的一般权利。

且在回应其中的某些理由时，有些方式可能没有涉及财产权。例如，我们有理由想要控制自己的生活空间，而这些理由也许可以由某种租赁制度来做出回应，即便这种租赁制度不像财产权那样把出售的权力也包含在内。然而，无论是由法律制度还是由习俗在起到保护这些利益的作用，只要某种改变会导致它们无法继续保护这些利益，那么这种改变就会遭受到强烈的反对。即便这种改变在某些方面会促进经济平等，它也可能会遭到强烈的反对。[17]

现在，让我们从另一个极端来考虑法律创造知识产权的证成过程。专利法和版权法禁止人们去做某些事情，例如禁止制造和销售某些药物，或者禁止复制某些文本和图像。因此，通过使人们受制于某些以惩罚作为威胁的命令（用哈耶克的话来说，这降低了他们的自由），这些法律会导致人们更难去做他们想做的事情（用哈耶克的话来说，这降低了他们的权力）。此外，由于一些人想要服用这些药物或欣赏这些图像，但这些法律却导致这些东西变得更加昂贵，因此它们也降低了这些人的权力。

另一方面，这些禁止他人使用某些物品的权利会为专利和版权的持有者提供收入，从而有助于他们获取他们想要的东西。扩大这些权利的范围，例如延长专利和版权的有效期，或者使它们适用于更广泛的地理区域，将使这些权利的持有者变得更加富有，从而更容易获取他们想要的物品。因此，这种做法可能会鼓励其他人来发明这些东西。

但这种做法也会导致不平等的加剧。所以，**如果**我们有理由来避免或减少这种不平等（也许是基于不平等的影响），那么这些理由就会

[17] 这就是为什么罗尔斯的第一原则——“平等的基本自由”——所涵盖的那些个人权利会包括拥有个人财产的权利，而且即便为了促进他的“差别原则”的实现，“平等的基本自由”也不能被废除。参见 Samuel Freeman, “Capitalism in the Classical and High Liberal Traditions,” 19 and 31-2。

110 支持缩小这些权利的范围。据我所知，缩小知识产权的范围并不会遭到基于减少自由的反驳，因为争论的双方都有各种各样的自由考量作为依据。范围更窄的权利会降低权利持有者获取他们想要的东西的能力，但却会增加其他人相对应的能力。此外，在这两种安排下，国家对人们的支配程度看起来是一样的。

总之，即便撇开平等的问题不谈，对自由的考量也会**要求**缩小这些权利的范围。至少它们不会反对这么做。支持延长专利和版权的有效期的主要理由是，我们需要用它们来激励人们生产有用的产品。因此，如果这里存在着某种冲突的话，那么这种冲突是：这种方式（即增加一些人获取他们想要的东西的“权力”）所能够提供的效益和那些有利于平等的考量之间的冲突。

我认为，对证成过程的这种描述通常能够应用到这个问题之中，即对财产权的界定应当受到哪些道德限制。而在特定的情况下，这个证成过程是如何发生的，则是一个复杂的问题。但至少看起来清楚的是，平等的考量会起到**某种**作用，而且它们并不因为有时候会与自由的考量相冲突就被排除掉。自由与平等之间发生最直接的冲突是在这些情况下：不平等是由特定的交易产生的，并且人们在这些交易中行使了他们显然必须拥有的那些权利。也就是说，在这些情况下，只有通过限制这些交易或者对由这些交易所得的收入进行征税，我们才能促进平等。

诺齐克关于威尔特·张伯伦的例子就是这样一种情况。威尔特从他的粉丝那里获得了额外的美元，因为他们喜欢观看威尔特的比赛，而这导致了经济不平等的严重加剧。即便我们有理由来阻止这种不平等，但我们却不能通过禁止威尔特和他的粉丝的行为来阻止它。如果一个人想要把钱花在篮球比赛的门票上，但是他却不能这么做，那么钱还有什么用呢？此外，是否要为一定数额的金钱去参加比赛，这必须取决于威尔特的意愿。所以看起来要避免这种不平等的加剧，唯一的办法就是对威尔特的收入进行征税。那么，由哪些因素来决定这种做法是否可被允许呢？这个问题是以下这个更普遍的问题的特殊情况，即人们是否能够要求保留通过各种交易所获得的全部金额。接下来我会先考虑由交换财产来获取利润的情况，然后再回到为服务付费的情况。

让我们以通过出售房屋来获取利润作为例子，因为在这种情况下， 111
证成财产权的个人理由会显得特别强有力。毕竟人们有强有力的理由想要控制他们的生活空间，并且想要随心所欲地使用它，以及随心所欲地禁止别人使用它。这就是我之前所说的人们关心财产的最基本的理由之一。此外，人们也有强有力的理由想要能够选择居住地，以及随心所欲地改变居住地。基于这些理由，一个可辩护的权利体系必须规定人们能够禁止别人使用他们的个人空间，并且不得要求他们居住在某些地方或禁止他们随心所欲地搬迁。

但现实的情况仍然是，并非每个人都能够住在他们最喜欢的地方。因此，一个允许房屋在市场上转让的房产制度便成为解决这个问题的一种显而易见的方法。这种制度使得人们能够稳定地控制自己的生活空间，因为他们可以自由地选择不搬迁，除非别人给他们提供的价格使得搬迁对他们来说是可取的［即提供某些至少符合他们的“保留价格”（reserve price）的东西］。将稀缺的住房分配给那些愿意支付更多费用的人是有道理的，因为它导致资源的分配能够回应人们对住房的不同品位，以及能够回应住房（与其他商品相比）对于人们而言所具有的不同价值。（至少当金钱的边际效用对不同的人而言大致相同时，它会具有这种效果。而当财富和收入极其不平等时，情况可能并非如此。）

因此，人们有强有力的理由来支持可交换的住房产权，并且这些理由部分依赖于那些支持人们关心财产的最基本的个人理由，以及部分依赖于刚刚提到的那种效率的考量。对于后者，我们可以补充说，这种制度有助于确保适当数量的住房，因为如果住房的数量稀缺，那么房价的上涨会吸引更多的住房建设投资。

现在的问题是，这些考量所支持的住房产权是否会阻止对转售房屋所得的利润进行征税。在我看来，它们并没有阻止这一点，尽管它们对这种税收施加了限制。首先，买方和卖方必须事先知道他们将会付出什么和得到什么。（合理的期望应当受到保护。）其次，卖方至少要得到他们的保留价格，而且买方不能被强迫支付更多的费用，以至于
112 超过房产对于他们而言所具有的价值。再次，市场的效率属性依赖于这种情况，即如果某些潜在买家愿意支付更多的费用，那么卖家把房产卖给这些买家就会获得更多的收入，即便是税后的收入。因此，税收不能取走卖家超过其保留价格的所有收益。但是，这并不意味着我们必须允许卖家保留买家所支付的全部金额。

买家愿意支付多少费用，这当然取决于买家拥有多少钱，但同时也取决于他是否能够获得其他同样理想的房子。所以，我刚刚得出的结论是，支持住房产权的那些理由并不会支持这个结论——卖家有资格得到其财产的全部稀缺性溢价（scarcity premium）。用诺齐克的话来说，任何这样的税收都会干涉某些“成年人之间自愿同意的资本主义行为”，因为它们会阻止卖家在交易中能够精确地保留买方所支付的费用。然而，虽然买卖双方能够精确地进行这种交易会给卖家带来某些利益，但这些利益比起我已经提到的其他产权利益而言看起来却相当薄弱。

这也许让人感到不太满意。如果我们对现实中的房地产交易进行征税，可收益却直接进入总统的个人银行账户，那么即便这项税收遵守了上述的限制，它也会是不可接受的。此外，即便这项税收在交易

之前已广为人知，而且我认为即便相关的法律是由民主选举的立法机构所制定的，它也会遭到反对。而要解释为什么这项税收会遭到反对，我们能否不诉诸这种观念，即卖家的财产权使得他们有资格得到其他人为获取卖家的财产所愿意支付的全部金额？（或者说，我们能否不诉诸这种看起来更不可信的观念，即买家有资格不去支付超过卖家实际所得的费用？）

这类税收之所以会遭到反对，首先是因为卖家有理由想要保留更多买家自愿支付给他们的金额，所以如果卖家没得到这种金额，那么我们必须给出某些理由来支持这一点。其次，没有任何好的理由会支持为了让总统以这种方式从每笔交易中获益，卖家应当得到更少的金额或者买家应当支付更多的费用。因此，如果对交易的利润进行征税是正义的，那么这一定是因为，除了这些税收事先已广为人知以及它们是由公平的程序所制定的，我们还拥有好的理由来支持这些税收。

我正在考虑的这两类理由都来自产权制度和交易制度的合法性所要求的条件，并且它们也是支持促进重要公共物品的理由。但我将集 113
中讨论前一种理由，既因为它们所支持的税收最有可能是再分配的税收，也因为这是平等的考量最有可能发挥作用的地方。而为了使我刚才所描述的产权制度能够回应每个人在住房上的基本个人理由，住房市场就绝不能导致最贫穷的社会成员根本无力负担起住房的费用。因此，为了让整个产权制度能够获得证成，我们可能需要提供一些公共住房，或者更普遍地保障最低的基本收入。

通过投资住房来获取利润，这可能会造成严重的不平等。如果这种不平等会产生我在其他章节讨论过的那些消极后果，那么对由出售财产所得的收入进行征税可能就是控制这些消极外部性（negative externalities）的最佳方式。只要我们在我所描述的范围内这么做，那么这种做法就会具有以下这些优点：它们既不会干涉人们在想要选择和控制自己的住房这方面所拥有的重要理由，也不会干涉为那些最愿意支付住房费用的人分配住房的效率。我在这里的目标并不是要描述或评估所有这些理由。倒不如说，这里的要点是，支持住房产权的这些理由原则上都不反对我们对交易的利润进行征税。

现在我开始讨论对人们的工作收入进行征税的问题。在此，我们可以从“自由选择职业”的重要性来开始我们的讨论。每个人都有强有力的理由想要能够选择如何使用他的生产力。这提供了强有力的理由来拒绝那些允许人们被迫从事某一特定工作的法律或政策，并且每个人应当能够按照他的选择而自由地辞职。但是，“被迫”和“自由”在这里是什么意思呢？通过立法来要求人们从事某些工作，这会是不可接受的（也许像征兵这样的紧急情况是例外）。不过人们也有理由想要处在良好的条件下来选择职业。也就是说，他们有很好的理由——我在第五章中讨论了这些理由——想要了解他们可能会从事的各种工作，并且想要能够获得资格去从事那些适合他们的工作。

另一方面，就像住房一样，人们不可能总是准确地拥有他们想要的工作。而就业市场会允许人们在某种工资的背景下来选择工作，并且这种工资背景反映了人们的选择给其他人所带来的成本。没有人必须为某种低于他的保留工资的薪水而工作（考虑到其他的替代方案），雇主也不必支付更多的工资，以至于超过工人对于雇主而言所具有的价值。
114 在这样的制度中，有特殊技能的工人会被有效地分配到工作岗位上（也就是说，这种分配方式能够回应对这些技能的需求）。此外，这种制度还具有灵活性：随着需求和技术的改变，劳动力将根据市场的需要而被转移到不同的用途之上。

虽然人们有理由想要能够选择自己的职业，而且劳动力市场也具有效率优势，但这些考量并不反对我们在一定范围内对部分收入进行征税。除了我已经提及的那些要求，“自由选择职业”还要求人们应当能够按照自己的意愿去工作更长的时间或者从事第二份工作，以便赚取更多的收入。[18]而如果为了阻止这种情况，于是通过税收的形式来取走人们所能够赚取的、超过一定数量的全部额外收入，那么这种做法将无法得到证成，因为人们有理由想要能够根据他们在工作、休闲和其他消费形式之间的不同偏好来采取行动。

然而，有人可能会论证：如果一个实体有权力对其他人自愿为某个人的劳动所支付的部分费用进行征税，那么该实体就会是这个人的劳动的部分所有者；并且这种做法将类似于奴隶制，因为它与自我所有权（self-ownership）的观念是不相容的。在此，自我所有权的观念指的是，人们是他们的精力和才能的唯一所有者，并且对如何使用这些精力和才能拥有唯一的自主决定权。[19]要评估这一论证，我们就需要追问：自我所有权的观念为什么具有吸引力，以及其吸引力背后的理由是否会支持人们有资格获得其他人自愿为其服务所支付的全部费用。在这里，我只是把相同的方法应用到自我所有权而已——我在这本书中一直把这种方法应用到平等的观念，而在这一章中则把它应用到自由和强制的观念；也就是说，我试图确定这些观念基于哪些理由而具有重要性，并追问这些理由何时适用。

说我们是我们身体的某些部分的所有者，比如说我们是我们的眼睛和肾脏的所有者，这种说法是非常合理的。如果有人未经我们的同意

[18] 正如安东尼·阿特金森所论证的，参见 *Inequality: What Can Be Done?*, 186, 210。

[19] 众所周知，诺齐克提出了这种关于奴隶制的主张，参见 *Anarchy, State, and Utopia*, 169-72。而 G. A. 科恩则发展了自我所有权的观念并把它作为对诺齐克的立场的最佳解释。科恩论证道，自我所有权的观念确实排除了那些针对劳动收入的税收，不过他随后又驳斥了这种论点，即我们在这个意义上是自我所有者（self-owners）。参见 *Self-Ownership, Freedom, and Equality*, chapters 9 and 10。

就从我们身上取走这些东西，那么这会是一种错误的行为。但是，我们
也有权力把这些东西送给别人，或者按照我们的意愿把它们卖掉。这
115 里的问题是，我们在什么意义上是我们的劳动的所有者，以及这一点
对于税收的证成性而言意味着什么。

我认为，我已经提到的这些考量充分地把握到了人们对其劳动拥有自我所有权这一观念所具有的合理之处：人们有理由想要能够选择他们的职业，以及能够按照自己的意愿去辞职，等等。这些理由解释了为什么诸如奴隶制等否定自由选择职业的制度是不合法的。但这些考量并不意味着工人有资格得到其工作的“全部价值”，即雇主自愿支付的最高工资——这取决于对工人的服务的需求和他们所提供的技能的稀缺性。对人们的部分收入进行征税并没有被这些理由排除在外。所以，如果我们有好的理由来支持这种税收，那么进行这种征税就会是合法的。[20]

正如我已经表明的，在这些理由之中，最核心的理由是：为了使财产和市场交易制度成为合法的制度——人们正是通过这些制度来赚取他们的收入，我们需要提供这种合法性所要求的条件。我已经提到了这样一些理由，包括那些由高度不平等的消极后果所提供的理由。基于这些理由对某个人征税并不能被恰当地描述成是在强迫这个人使用他的合法资源去帮助其他人。恰恰相反，这些税收反映了在一个合法的财产和市场交易制度下，这个人针对他能够拥有哪些资源所提出的

[20] 在这里，我至少部分同意大卫·高蒂尔（David Gauthier）的观点，参见 *Morals by Agreement*, 272-6。G. A. 科恩对高蒂尔提出了反驳，他论证道，自我所有权与针对收入的税收是不相容的，因为“只有当人们有资格为与其他人交换所有物的交易设置条款时，他们才是其所有物的排他所有者”。（*Self-Ownership, Freedom, and Equality*, 221.）如果“设置条款”不仅意味着“在交易中获得人们的合理预期收益”，而且还意味着“获得其他人自愿支付的全部东西”，那么这个观点确实会排除税收。然而，我已经指出，“自我所有权”的吸引力建立在某些理由之上，并且这些理由也解释了为什么奴隶制是错误的，但我所提及的这些理由并没有支持上述这个观点。

要求会受到这些税收的限制。

在支持税收的那些理由中，有两个特定的理由会与我们当前关于自我所有权的讨论有关。市场经济的效率会要求雇主必须要有权力来向工人指派工作，并且有权力根据技术和市场条件的变化来雇用或解雇工人。这些权力会让个体更难决定如何使用自己的才能和精力，也就是说会削弱个体在这方面上的能力。虽然这在一定程度上对所有工人都产生了影响，但对于那些拥有最低水平的市场技能的工人而言尤其严重，因为他们必须在其他人的控制下去从事那些往往非常令人不愉快的工 116
作，以便获取谋生之道。

所以，工人有理由来反对这些权力，并且他们所拥有的理由是那些位于自我所有权观念背后的基本理由。即便这些理由不足以构成完全拒绝这些权力的充分理由，但考虑到支持这些理由的那些论证，它们无疑提供了一个很好的理由来要求我们在界定这些权力时，必须限制这些权力对人们控制自己的生活所产生的影响。在某种程度上，这一点可以通过提供良好的公共教育来实现，亦即确保人们能够发展更广泛的技能，从而能够采取更广泛的就业形式。它也可以通过这些策略来实现：一是采取某些措施以便提高工人的议价能力，例如制定法律来提高工会的权力；二是向所有人提供最低的基本收入，从而确保即便是最不合格的工人也能处在一个更有利的位置之上，由此能够按照他们的意愿去拒绝某些特定的工作形式。[21] 这些策略的优点在于，它们让工人自己来决定是想要提高工资，还是想要改善他们的工作条件。

对收入进行征税以便能够提供这些福利，这种做法会阻止人们获得其他人自愿为他们的工作所支付的全部金额。但是，当我们纯粹

[21] 正如菲利普·范·帕里斯（Philippe van Parijs）所论证的，参见 *Real Freedom for All*。

从支持自我所有权观念的那些理由——尤其是想要不受他人控制的理由——来看待这个问题时，人们所放弃的东西就远远不如获得这些福利的人所得到的收益那么重要，而正是税收使得这些收益成为可能。

将自我所有权理解为一种禁止受到侵犯的“边界约束”（side-constraint）会阻碍这种比较。但是，为了决定是否应当接受这样一种约束，我们需要审视这种约束背后的理由，正如我一直在做的那样。而当这样做的时候，我们就可以看到，人们并没有充分的理由来接受这种普遍形式的约束。

应 得

对不平等的证成有时候会基于这个主张，即那些拥有更多利益的人应得（deserve）这些利益。例如，最近格里高利·曼昆为首席执行官（CEO）的高额薪酬提供了辩护，他的理由便是：首席执行官基于他们的生产力而应得这些报酬。[1] 但另一方面，应得的观念也可能会被用来为相反的结论辩护。例如，有人可能会主张，即便高管的高额薪酬提供了某些提高生产力的激励，可这些报酬仍然是不正义的，因为没有人基于从事这些工作而应得那么多的报酬。尽管这两个论证关于正义的薪酬得出了不同的结论，但它们都共享了这个假定：经济报酬的水平至少在某种程度上基于应得而恰当地获得了证成。

我将在本章中论证，我们应当拒绝这个假定。“应得”这个词语被用来提出许多不同种类的主张。如果我们对这些不同的主张进行区分并仔细地加以考察，就会发现：当一个人确实应得（或不应得）某种经济报酬时，这一点之所以如此，是基于某些更广泛的正义观念，而不是它本身依赖于某种应得的观念。在这些情况下，应得的观念无论是作为对更多的经济报酬的证成，还是作为对这些报酬的限制，都不能

[1] Mankiw, “Defending the One Percent”; Piketty, *Capital in the Twenty-First Century*, 331-5.

独立地发挥作用。为了提供有说服力的论证来支持这个否定性的结论，首先我需要考察不同种类的应得主张。然后，我可以运用这种理解方式来解释为什么应得看起来会与分配正义的问题相关，以及为什么这种明显的相关性是错误的。

人们有时候会在一种非常广泛的意义上来使用“应得”：在这种意义上，说一个人应得某种对待方式，这仅仅是说他应当以这种方式
118 来被对待，或者说以这种方式来对待他是正义的。我们应当以人们在这种广泛的意义上所应得的方式来对待他们，这一点（在微不足道的意义上）是正确的。但是，如果以这种方式来理解应得，那么关于人们应得什么的主张就会对下述这个问题保持完全开放的态度：为什么以正在被讨论的那种方式来对待人们是正义的。尽管我们说那种方式是人们应得的，但对上述问题的解释却可能是基于效用主义（utilitarianism）、罗尔斯的正义理论、某种自由至上主义（libertarian）的观点，或者任何关于正义的要求的其他观点。在这种广泛的意义上，关于应得的主张就仅仅指的是，这种主张关注的是某种意义上的正义观念所提出来的要求。而为了提供某种独特的依据来支持或反对不平等，关于应得的主张就需要拥有某些更加具体的道德内容。

在另一种意义上，说一个人应得某种对待方式则指的是，这种对待方式是由某些制度规定的。例如，如果某个班级的既定评分政策要求任何平均考试成绩高于 95% 的学生获得 A 等级，那么平均成绩高于 97% 的学生就可以说应得一个 A 等级的成绩。这种主张正是乔尔·范伯格（Joel Feinberg）和约翰·罗尔斯所说的制度资格（institutional entitlement）主张。[2]

---

[2] 参见 Feinberg, “Justice and Personal Desert,” 81, 85-8; 以及 Rawls, *A Theory of Justice*, section 48, 他引用了范伯格的观点。

但不是任何制度都能够在道德上产生有效的制度资格主张。例如，某所学校的校规可能会规定，在某个学期中取得最低平均成绩的学生必须在一个学期之内担任平均成绩最高的学生的私人仆人。然而，那些取得最高平均成绩的学生却没有资格获得这项服务，因为一种要求某些学生成为别人的仆人的制度是无法得到证成的。因此，尽管制度资格的主张可能是正确的，但它们的正确性却依赖于对相关制度的证成，并且这种证成不需要依赖于一种独立的应得观念。不过，也许还存在着某种意义上的应得，并且制度可以依据它们给予人们在这种独立的意义上所应得的东西来获得证成。接下来我将考虑是否存在着这样一种意义。我目前的观点只是，这种非制度性的（non-institutional）应得必须与制度资格的观念有所不同。

另一个与制度资格密切相关并且在道德上很有分量的观念是：没有实现合法期望（legitimate expectations）是错误的。例如，如果某个学 119
生努力将平均考试成绩考到高于 95% 以期获得 A 等级，但尽管他的平均成绩高于 96%，却依然没有获得 A 等级，那么他就有一种合理的抱怨。通过诉诸该学生由于期望得到这种奖励而已经做出了牺牲，这种抱怨所具有的力量看起来就超越了制度资格的观念。（因此，制度资格是一个比合法期望更广泛的概念，因为制度资格的主张并不取决于一个人是否已经以某种方式依赖这种制度。）但是，如果某个要求所具有的力量是建立在合法期望的观念之上，那么这个要求的力量依然还是依赖于相关制度的证成性。例如，如果某个学生之所以努力学习以便考到班上最高的平均分数，是因为他期望在下学期中能够让排名最低的学生来做他的私人仆人，那么即便他没有获得这项服务，他也不具有我正在描述的那种有效的抱怨。他可能会有一个合理的理由来反对在这种奖励的前景上受到了欺骗，但是却没有资格要求获得这种奖励，因为规定这种奖励的规则是无法得到证成的。

为了作为评估制度的独特依据，关于应得的主张需要与关于制度资格或合法期望的主张有所不同。它们必须是**非制度性的**，也就是说，它们必须不依赖于某些以其他方式获得证成的制度。

如果基于应得的证成要具有独特性，那么它们也需要区别于基于效果的证成——这种证成的依据在于以某种方式来对待某个人会带来好的效果。通过剥夺某个孩子的奖励来训导他——“因为这是他应得的”，这不同于基于以下这种理由来采取相同的行动：因为人们认为这将改善这个孩子的品格或者让他（或他的兄弟姐妹）以后有可能会表现得更好。（因此，在我提及的那篇文章中，曼昆区分了两种对高管薪酬的证成：基于应得的证成和效用主义的证成，后者依据的是这些报酬所提供的动机会带来好的效果。）基于应得的主张同样也在这个方面上不同于基于需求的主张。例如，有人也许会说，某个人应得帮助，因为他正在挨饿；或者说，他应得医疗服务，因为他生病了。但这些证成实际上诉诸的是，给人们提供这些形式的对待方式会带来好处。相比之下，高管基于他们所做的工作而应得更高的薪酬，这种主张并不依赖于他们会比其他人从那些额外的收入中获得更多的好处。

120 因此，我们正在寻找的那种应得的主张是关于人们应当如何受到对待的主张，并且这些主张是非制度性的（即它们不依赖于某些制度规定了这种形式的对待方式），而且它们不是基于以这种方式来对待某些人会给他们或其他人带来预期的好处。这些主张是我所说的“**纯粹的应得主张**”，它们声称，**仅仅**依据一个人是什么样的或做过什么事，就足以使得某种形式的对待方式成为恰当的方式；在这里，作为限制条件的“仅仅”，它排除了我刚刚提及的那两类证成：一是诉诸制度的证成，二是证成的依据在于以正在被讨论的那种方式来对待人们会带来好的效果。这种缩小关注范围的做法并不是特设性的（ad hoc），而只是反映了如果诉诸应得的主张要提供一种独特的论证形式来支持或反对不平等的对待方式，那么这些主张需要具备什么特征。

我认为，这种纯粹的应得主张有时候是有效的。最明显的例子莫过于在表达赞扬、钦佩、感激、责备或谴责等方面的应得主张。例如，如果某个人之所以采取某种方式来行动，仅仅是因为他想要让我受益，并且他自己为此还付出了某些代价，那么这一事实本身就足以使得我的感激态度成为一种恰当的态度。我对这种感激之情的表达可能会让那个帮助我的人感到高兴，也可能会鼓励他或其他人以后采取这种方式来行动。但并不是这些效果使得我的感激之情成为恰当的态度。仅仅凭借这个人所做的事情，以及他在这样做的时候所反映出的态度，就足以要求某种感激之情。同样地，如果一个人已经做出了重大的发现或者已经取得了某些其他形式的优异成就，那么这就会使得认可和钦佩成为恰当的态度，以及使得对这些态度的表达成为恰当的行为。此外，如果一个人对他人的福祉完全漠不关心，或者有意要伤害他人并因此造成了伤害，那么这一事实就能够使得谴责性的态度以及中止友好的感受成为恰当的。[3]

这些判断的恰当性依赖于关于那个人的某些事实与相关的反应内容之间的内在联系。举例来说，如果某个人费尽心思地帮助我，那么这个事实便以这种方式与我对他的感激之情相联系，并且也与我在适当的情况下更愿意帮助他相联系。而如果某个人屡次背叛我的信任，那 121
么这个事实与我的怨恨之情以及我以后更不愿意信任他也有联系。

如果我采取这些消极的反应态度，那么这会让这些态度所针对的

[3] 在 *Moral Dimensions*, chapter 4 和“Giving Desert its Due”，以及更近的“Forms and Conditions of Responsibility”，我用更长的篇幅捍卫了这些主张。

人付出某种代价。因为他们有理由在乎我如何看待他们，而且我在态度上的改变，比如我更不愿意信任他们，也会剥夺掉他们有理由想要的机会。但是，只要这些针对某个人的修正态度是恰当的，那么他就不能合理地反对这些代价。没有人能够无条件地要求获得我们的好感，我们也只应当把信任给予那些本身值得信任的人。因此，尽管一个背叛别人的人会遭受这些损失，但他对此并不能提出任何道德上的抱怨。

虽然这些态度的改变是针对一个人的某些特征所做出的回应，但并不是只有当这些特征处在那个人的控制之下时，这些态度的改变才是恰当的。[4] 它们**仅仅**依据那个人是什么样的或做过什么事而成为恰当的。我不能被要求去信任某个已经背叛过我的人，不管他本来是否能够选择不去成为一个不值得信任的人。

关于自愿和控制的事实会与这个问题相关，即某个特定的行为反映了什么样的态度（如果确实反映了某种态度的话）。当我的朋友由于遭受折磨而透露了我私底下告诉他的一些事情时，这一事实比起下述事实而言无疑反映出了他不同的忠诚度，即假设他在闲聊中仅仅为了好玩就相当自愿地透露了我的秘密。此外，假设当他的大脑以某种方式受到刺激时，他也会透露我的秘密，但这个事实却可能完全无法反映出他对我的忠诚度或其他的态度。然而，正是这些针对我的态度使得我正在讨论的那些回应成为恰当的或不恰当的回应。而为了具有这种意义，这些态度本身并不需要受到那个人的控制，并且他的这些人格特征也不需要是他应得的。应得的依据不需要本身也是应得的。

虽然正是一个人的人格特征使得某些针对他的态度内容成为恰当的，但人格特征和态度内容之间的这些联系是规范性事实的问题，而

[4] 更充分地讨论这些关于责任的主张，可参见脚注 3 中所引用的著作，尤其是“Forms and Conditions of Responsibility”。

不是社会惯例的问题。不过，当我们要确定在特定的社会环境中什么行动会被视为表达了特定的回应时，社会惯例便会发挥作用。用英语 122 说“Thank you”（谢谢）是表达感激的一种方式，这便是一个社会惯例的问题。此外，社会惯例会决定给某个帮助你的人送钱是在表达感激还是侮辱。但重要的是，我们应当区分规范性事实和社会惯例在使得某些特定的回应成为恰当回应的过程中所发挥的不同作用。

假设某个人所做的事情使得表达某种态度（例如感激、钦佩、反对或谴责等）成为恰当的行为，并且假设按照我们的社会惯例，对这个人采取某种行动被公认为是表达这种态度的一种方式，那么人们也许就会认为——那些共享这一惯例的人确实很可能**将**认为，这个人所做的事情使得对他采取这种行动成为了一种恰当的行为。就我正在讨论的那种应得的意义而言，这种对待方式看起来就是**应得**的。

对于那些共享相关惯例的人来说，关于应得的这个结论是由一个重要的描述性事实推论而来的，并且我们需要把这个事实纳入考虑之中才能理解在特定的社会中事物是如何运作的。例如，正如我在第三章中所说的，如果某个行业的大企业高管通常都会获得七位数的奖金，那么人们可能会觉得这是他们应得的。但同样重要的是要看到，作为一个规范性的问题，上述的这种思路包含了一种错误的推论。因为我正在讨论的这种联系是一种内在的规范性联系，并且它的范围只涵盖某种反应所表达的**内容**；也就是说，这种联系会让那个内容变得并非不恰当。虽然存在着这样一种联系，但从这个事实并不能推论出：只要某种惯例认为某个行动表达了相关的内容，那么这个行动便因此获得了证成。举一个戏剧性的例子来说，谴责从邻居那里偷东西的行为可能会是恰当的。而在某个特定的社会中，人们可能会认为，砍掉一个人的手便表达了相关的谴责，从而是应得的；换句话说，任何更轻微的惩罚都无法回应那种罪行的严重性。然而，这却是错误的。尽管这种惯例认为，砍掉一个人的手表达了某种程度的谴责，并且这种谴责对于盗窃来说是恰当的，但从这个事实并不能推论出，砍掉已经被定罪的小偷的手是得到证成的。[5]

123 应得的作用是有限的，这个主张在“正面”回应的情况下甚至更有说服力，例如在赞扬和钦佩的情况下便是如此。某个人已经做出了重要的科学发现，这个事实会使得赞扬和钦佩成为恰当的反应。但从这种关于恰当性的主张却无法推论出，某种特定的金钱奖励（甚至某种类型的金钱奖励）是不是它所要求的那种回应。

因此，在我看来，应得在对刑事处罚的证成中所发挥的作用是非常有限的。只要刑事处罚涉及某种谴责，那么处罚就只有针对那些应得这种谴责的行动来说才是恰当的。从这个意义上说，处罚必须是应得的。然而，尽管一种正义的制度可以对某些罪行施加诸如监禁等严厉的对待方式，但无论是在证成还是在限制这些严厉的对待方式时，应得的观念都没有发挥作用。对某些罪行施加严厉的对待方式并以此作为对罪犯的惩罚，这种做法只能通过这项政策的社会效益来获得证成；并且这种严厉的对待方式受到某种成本的限制，即为了促进这些效益，把这种成本施加在某个个体身上是公平的。此外，这种严厉的对待方式同样也受到这种要求的限制：它只能施加给那些拥有公平的机会来避免惩罚的人。而后一种要求就不是一种基于应得的要求。它并不是说，只有当人们所做的坏事是来自他们已经做出的选择时，他们才应得惩罚（在某种非制度性的应得意义上）；而是说，拥有机会来避免某种负

[5] 在我看来，当代美国的一个严重的问题是，人们在以下这两个方面的惯例观念已经经历了一种达到道德灾难程度的通货膨胀：一是对于某些经济职务而言，哪种水平的经济报酬是恰当的；二是对于各种各样的犯罪而言，哪种监禁判刑才是恰当的谴责。

担是一种条件，并且这种条件在对任何社会政策的证成中都发挥着作用。如果一项政策为了提供某些普遍的社会福利而给一些人带来了负担，那么在可能的情况下，人们必须拥有充足的机会去通过恰当的选择来避免承受这些负担。[6]

当然，这种观点是有争议的。即便刑事处罚并不仅仅由于它们表达了恰当的谴责才成为恰当的处罚，但我们也许能够以其他方式来依据应得而证成（和限制）刑事处罚。也就是说，也许有其他方式使得仅仅凭借某个人是什么样的或做过什么事就足以证成处罚。虽然我不认为这一点是正确的，但我还没有提出论证来反对这类应得主张。在当前的讨论中，我的目的只是提醒大家注意某类有效的纯粹应得主张（即关于某些态度的恰当性或不恰当性的主张），并指出这些主张能够证成 124
的事物的范围。

这些结论同样适用于分配正义的情况。某个人在生产性的经济过程中发挥了某种特殊的作用，这个事实可能是我们对他产生钦佩之情或感激之情的理由。但这本身并不能使得某种特定水平的金钱奖励成为恰当的奖励。正如我已经说过的，如果按照某种习俗，那些发挥这种作用的人通常都会得到某种奖励，那么在一些人看来，这种奖励就是恰当的。但这些基于惯例的反应并不具有证成的力量（justifying force）。因此，我一直在讨论的这种特殊的应得主张——表达性的应得主张——在证成分配的份额时并没有发挥任何作用。

然而，正如我刚才在刑事处罚的情况中所提到的，即使这种表达性的应得论证不能证成某些特殊的经济报酬，这里仍然遗留着一个问题：是否存在着某些有效的、更具体的纯粹应得主张，并且它们关注

[6] 对这种解释（即“选择的价值”）的详细阐述和捍卫，参见 chapter 6 of *What we Owe to Each Other* 和“Forms and Conditions of Responsibility”。

的是人们应当获得哪些经济报酬。为了回答这个问题，我需要考察这些主张可能是什么，并根据到目前为止我所引入的区分来评估那些可能会支持它们的理由。

我们经常会听到这样一种支持不平等份额的应得论证，这种论证主张，如果一些人比其他人付出了更多的努力，那么他们应得更多的报酬。例如，安东尼·阿特金森写道："公平涉及努力与回报之间存在着一种可察觉的联系：如果人们通过延长工作时间、承担更多责任或从事第二份工作来增加收入，那么他们至少应得这些收入的合理份额。"[7]

为什么这一点看起来是正确的呢？对此的一个回答是，因为努力工作的意愿彰显了一种值得奖励的道德美德（moral merit）。而由于一个行动所体现的道德美德依赖于能动者在执行该行动时的动机，所以这一理由似乎要求我们应当把更高的工资提供给那些出于利他主义的理由而努力工作的人，而不是那些为获得经济收益而努力工作的人。因此，这并不必然会产生曼昆所设想的那类影响。

道德美德对动机的依赖所带来的一个难题是，我们很难去辨别人
125 们的动机。罗尔斯援引了这一点来说明为什么一种要求奖励与美德相符合的原则是"不可行的"，而哈耶克也提出了类似的观点。[8] 此外，从我们之前的讨论中也可以看出这里存在着另一个问题，即道德美德的观念并没有为确定金钱奖励提供任何明确的标准。虽然道德美德可能应得赞扬和钦佩，但这并不意味着它对某种特定数额的额外报酬提出了要求——我们甚至可以说，它根本没有就对任何数额的额外报酬提出要求。

---

[7] Atkinson, *Inequality: What Can Be Done?*, 186.
[8] Rawls, *A Theory of Justice*, 274. Hayek, *The Constitution of Liberty*, 93-4.

此外，我们可以说，也许基于某些同样的理由，奖励道德德性（moral virtue）不应当成为经济制度的职能。[9] 在这里，经济制度的“职能”这个观念可能会有点含糊不清。但除了刚刚提及的那些理由，这里还存在着另一个理由来反对把按照道德美德进行分配看作是一种恰当的分配正义标准：因为一种分配正义的标准必须提供某种理由来支持一些人拥有更多的分配物，而且其他人应当接受这个理由并把它作为一个支持他们拥有更少分配物的理由；然而，道德美德看起来却没有提供这样一种证成的理由。虽然道德美德很可能本身就足以使得那些拥有美德的人应当获得更多的赞扬和钦佩，但这看起来并没有提供理由来支持那些更缺乏美德的人应当得到更少的收入。[10]

这样一种理由似乎可以由以下这种观念来提供——虽然它与应得的主张相类似，但实际上却截然不同。这种观念指的是：如果穷人之前也做出了努力，那么他们就能够拥有其他人所享有的较高收入，所以他们并不能针对他们的较低收入提出反对，因为正是他们自己的过错才导致他们未能赚取更多的收入。尽管这种证成听起来似乎是基于这样一种观念：更多的努力应得更多的报酬，但事实上却并非如此，或者说它至少不必如此。在这种证成中发挥作用的观念并不是应得，而是一种截然不同的观念——我们可以把它称为“**充足的选择机会**”（adequate opportunity to choose）。即便某项政策会为更努力工作的人支付更多的 126

---

[9] 我并没有否认大卫·米勒（David Miller）所正确指出的这一点，即存在着一种独立于制度资格的应得观念（*Principles of Social Justice*, chapter 7, 142-3）。例如，假设某个跑步运动员在终点线之前被一阵大风绊倒了，从而没有获得胜利，因此也没有资格获奖。但我们仍然可以说，他应得这场比赛的胜利，因为实际上他跑得更出色。此外，我们还可以说，比赛应当被组织得更好，以便让更出色的跑步运动员更有可能获胜。但这是因为比赛的用途是充当运动能力的竞赛活动。我的观点是，任何此类非制度性的应得观念都不应当作为确定经济报酬水平的依据。而正如米勒所指出的那样（第 139-140 页），这个观点所涉及的内容是经济制度的性质和证成，它并非由应得的概念推论而来。

[10] 塞缪尔·谢弗勒指出了这一点，参见“Justice and Desert in Liberal Theory,” 191。

报酬，但这项政策也可能基于其他非应得的理由而获得证成。例如，证成的理由可能是，这项政策所创造的激励提高了整体的生产力，或者它让那些过得最差的人生活得更好，从而符合了罗尔斯的差别原则。如果情况确实如此，那么只要正义的背景制度已被建立起来，那些没有通过努力工作来回应这些激励的穷人可能就无法抱怨他们所拥有的东西比其他人更少。也就是说，只要他们是在某些并非不正义的条件下选择不去做出这种额外的努力，那么他们可能就无法提出抱怨。

这是罗尔斯在一段颇有争议的段落中提出的观点，我在第五章中讨论机会平等时也讨论了这一点，但我在这里将再次对它进行讨论，因为这个观点不但与当前的讨论密切相关，而且也很重要。罗尔斯在那个段落中写道："即便某个人愿意做出努力和尝试，并因此在日常意义上是应得的，但这种意愿本身依赖于幸福的家庭和社会环境。"[11] 人们很自然地把这段话解读为包含这两个主张：（1）**如果**某个人能够声称对这种做出努力的意愿具有功劳，那么这种意愿就是一种积极的应得依据并且它能够证成更多的报酬；但是，（2）如果这种做出努力的意愿是由某些诸如"幸福的家庭和社会环境"等"在他之外的因素"造成的，那么他就不能声称对这种意愿具有功劳。

但这种解读存在两个问题。首先，把主张（1）作为一种对罗尔斯的解读是很难得到捍卫的，因为罗尔斯在其他地方反对过将道德应得作为一种分配份额的依据。[12] 其次，主张（2）依赖于某种我已经表明是错误的观念，即应得的依据本身必须是应得的。

正如我在第五章中论证过的那样，我们可以采纳另一种更好的解读。如果某种利益已经以合理的条款提供给某些人，并且这些人是在

[11] *A Theory of Justice*, 74 (2nd edn, 64).
[12] 参见 *A Theory of Justice*, section 48。

足够好的条件下决定不要接受这些条款的，那么他们就不能抱怨没有拥有这种利益。正义原则的一个重要的作用是具体地阐明，哪些要求应当得到满足才能使得社会制度所提供的条件变得“足够好”，也就是说，使得人们在这些条件下做出的选择具有道德约束力。按照这种解读，罗尔斯在那个段落中提出的观点并不是在说，如果做出努力的 127
意愿本身是由（有利的）“外部”原因造成的，那么这种意愿就不应得奖励；而是说，某个人**缺乏**意愿去做出必要的努力以便获取某种利益，这一事实并不会导致这个人缺乏这种利益就是正义的，除非他是在符合正义要求的条件下不去做出这种努力。如果一些人生活在“幸福的”环境之中，并且他们做出了必要的努力以便获取某些利益，而另一些人则生活在不仅更不幸福而且不正义的环境之中，并且他们没有做出那种努力，那么这种努力的差异并不会导致由此形成的不平等就是正义的。这一点说明了基于应得来证成不平等会不同于基于我所说的“充足的选择机会”来证成不平等，因为后者预设了一种关于正义的条件的标准。

为什么付出更多努力的人应得更多的报酬，对此的另一种可能的解释是：因为努力涉及牺牲，而牺牲应当得到补偿。但除了要求付出更多的努力，某些工作也可能以其他方式涉及更多的牺牲。例如，有些工作会比其他工作更不愉快或更危险，或者会对工人的健康产生不良的影响。因此，支持给予更多报酬的这一理由并不会只让那些从事费力的白领工作的人受益，他们甚至不是主要的受益者。

然而，在我们当前的讨论之中，这种解释存在着两个问题（它们并不必然构成对这种解释的**反驳**）。第一，按照这种解释，对补偿的要求并非基于某种应得的观念，而是像前面讨论过的需求主张一样，它们建立在某种收益（或损失）的观念之上。第二，对牺牲进行补偿并不是一种独立的正义标准（不管它是否基于应得），而是一种局部的原则，并且它预设了某些其他更基本的标准。例如，它可能预设了这种观念：如果人们受到了伤害，那么他们应当获得补偿。但在当前的语境下，我会假定相关的标准是某些关于分配正义的观念。

如此一来，对补偿的要求背后所体现的是这样一种观念：为了应用分配正义的相关标准，我们在评估人们的福祉水平时，需要考虑诸如付出特别的努力等牺牲所带来的福祉损失。现在让我们假设，这种正义的标准要求人们的福祉水平必须符合某种模式（它可能是平等，也可
128 能是某种非平等主义的模式）。根据我们正在讨论的标准，如果某个结果只有当它不考虑努力（或某些其他种类的牺牲）的成本时才会符合这种模式，那么这个结果实际上并不是正义的。为了实现正义，做出这些牺牲的人应当从其他方面获得**更多的**益处（例如更高的收入），以便对这些牺牲进行补偿，从而使他们达到正义所要求的福祉水平。因此，如果相关的正义标准要求人们必须达到平等的福祉水平，那么为了实现正义所要求的那种总体的平等，不平等的收入也许就会是必须的。

对努力的重要性的另一种解释是，努力代表了人们在合法期待获得某种报酬的过程中所做出的牺牲，而合法的期待不应当遭到落空。这里的要点不在于牺牲要求获得补偿，而在于正义的制度必须实现它们用来激励人们采取行动的那些期待。然而，正如我之前所指出的，合法期望的主张预设了某种制度合法性的标准。因此，以这种方式来理解努力会导致它无法成为一种评估制度的独立依据。

正如曼昆所指出的，应得的另一个观念是："人们应当得到与其贡献相一致的报酬。"[13] 当不同参与者的"贡献"可以被清楚地区分时，

---

[13] "Defending the One Percent," 32.

这种观念看起来最具有说服力。例如，假设两个人一起合作生产某个产品，其中的一个人负责生产内部构件，另一个人则为它添加一个设计独特的外包装。如果内部构件所产生的功能与市场上的其他产品基本相同，但是独特的设计却让他们的产品比竞争对手更畅销，并且为他们挣来了很多钱，那么我们似乎可以合理地说，负责这种设计的人对产品的成功做出了更大的贡献，因此他应当获得更大的利润份额。

但在更复杂的合作生产形式中，不同参与者的贡献并不容易区分。[14] 曼昆似乎把某个特定参与者的贡献——他的报酬应当和它“相一致”的那种贡献——等同于该参与者的“边际产品”（marginal product）。在此，边际产品指的是，增加或减少一个单位的该参与者的 129
工作所引起的生产价值的差异。但正如许多人已经指出的那样，这种纯粹的虚拟观念未必会与下述这种贡献观念相一致，即从适用于我的第一个例子的那种意义上来说，某个特定参与者“已经做出的（那种）贡献”。[15]

假设某个生产过程涉及许多工人，并且这些工人在工作的时候偶尔会看不到别人正在做什么。如果有某个人站在一个能看到所有工人，而且也能被所有工人看到的地方，然后向这些工人发出信号，以便告诉他们在某个特定的时间内最需要去做什么，从而帮助工人协调他们的工作，那么这些工人可能会工作得更有效率（即在给定总劳动力数量的情况下完成更多的工作）。而这位协调员的边际产品将等同于他在一

[14] 正如皮凯蒂所论证的那样：“事实上，它（即个人的边际生产力）变得接近于一种纯粹的意识形态建构，而在此基础之上，一种对更高地位的证成便可以被详细地阐述出来。”（*Capital in the Twenty-First Century*, p.331.）

[15] 参见 Nozick, *Anarchy, State, and Utopia*, 187n. 和 Amartya Sen, “The Moral Standing of the Market,” 15–17, 以及“Just Deserts”，等等。我认为诺齐克的观点是（正如我刚刚引用的那个脚注的最后一句话所表明的）：在竞争性的经济活动中，如果人们获得与其边际产品成比例的报酬，这个结果之所以会是正义的，是**因为**它来自一个自由交换的过程并且这个过程符合正义的资格概念，而不是因为这些报酬与边际产品之间存在着某种关系。

个时间单位内的“指导”所增加的生产价值。也就是说，他的边际产品指的是，在一个时间单位内，工人在他的指导下所生产的商品与没在他的指导下所生产的商品之间的价值差异。也许这个人在这种指导职务上的边际产品比普通工人的边际产品更大。然而，虽然这种指导使得某些额外数量的商品被生产出来，但这些商品并不是由提供这种指导的人“生产”的。恰恰相反，它们是由其他工人在他的帮助之下生产出来的。从这个意义上来说，一个工人的边际生产力所确定的是，寻求利润最大化的公司在理性的范围内会为这个工人的服务所支付的最高边际报酬。但这并不意味着，如果工人没有获得这个报酬，他就受到了欺骗，或者“被剥夺了他的劳动成果”。[16]

在这个例子中，我假定提供指导的那个人所从事的工作并不要求
130 任何特殊的技能。他只是站在一个不同于其他工人的地方，因此能够看到在特定的时间内工人需要从事哪些工作来保持生产过程的顺利进行。如果一个人是因为拥有某个特殊的技能才起到了类似的作用，比方说他能够快速地辨别如何最好地推进工作，那么情况看起来会有所不同。拥有这种技能可能是值得骄傲的一件事。对于一家公司或者一个社会而言，投资某些培训以便让人们能够发展出这种能力，并且挑选出那些已经具备这种能力的人来担任这种“指导”的职务，这些都是值得去做的事情。而这种指导的职务可能会比生产过程中的其他工作更令人向往，因为它对体力的要求更低，并且提供了“职位的权力和特权”以便担任者能够行使这种已经展现出来的能力。因此，创造这一职位

[16] 正如森（Sen）在《正义的应得》（“Just Deserts”）中所指出的，当某个人的“贡献”只是允许别人使用他所拥有的某个东西时，这一点会变得更加清楚。例如，假设某个人拥有一块狭长的土地，它夹在一个场地和一个工厂之间。而如果在那个工厂就业的工人可以穿过他的土地而不是绕道而行，那么他们可以节省很多时间。因此，这个人在诺齐克所说的“虚拟”意义上的“贡献”（即由他允许别人穿过他的土地产生的差异）可能非常大，即便他没有“生产”出任何东西。

并提供担任这一职位所需的培训，这本身就构成了一种不平等。而进一步的问题是，除了这种不平等之外，担任这一职务的人是否应当比其他人获得更多的报酬；尤其是，是否因为他的边际产品比其他工人的边际产品更高，所以他应当得到更多的报酬。在我看来，后一个问题的答案是否定的。即便某个特殊的技能是必需的技能，但这一点并没有改变以下这个事实："指导者"的"边际产品"仍然只是一个纯粹的虚拟概念，就像我之前所举的例子一样。

这就把我们带到了这种观念之中，即人们可以基于他们所拥有的特殊能力而应得更多的经济报酬。为什么这一点是正确的呢？这些能力又是什么样的能力呢？在艺术、科学和工程上的某些能力，也许还包括组织和管理上的能力，可能是值得我们赞扬和钦佩的优异特征。但正如我已经论证过的，从这一点并不能推论出：这些能力对某种特定的经济报酬提出了要求——它们甚至根本没有对任何经济报酬提出要求。

另一方面，某些职位所具有的特殊权力、特殊机会，甚至是特殊的经济报酬，可能是基于它们所带来的好处而获得证成的，例如因为它们提高了经济效率，或者因为它们满足了罗尔斯的差别原则或其他分配正义的标准。如果这是正确的，那么我们将有一个"自上而下"的论证来支持这一点（我在第四章中讨论过这种论证）：我们应当根据人们的能力来为这些职位选拔人才。此外，如果那些拥有相关能力的人被这些职位所选中，那么他们因此也可以说是应得的。"能力"在与此相关的意义上并非指的是一些人所拥有的某种有价值的内在特征，而 131
是以一种依赖于制度的方式被定义成这些特质：无论这些特质可能是什么，它们会让某个人有可能在相关职位上表现良好。基于应得而要求获得报酬在这种情况下就是一种制度资格的要求，而不是一种应得的要求。

在这一章中，我讨论了应得的观念是否提供了一种独特的依据来证成不平等的报酬或对它们施加某种限制。而为了发挥这种作用，应得的观念需要与“人们应当拥有什么（无论出于何种理由）”这一极其广泛的观念有所不同。此外，基于应得的证成若要具有独特性，也需要与以下这两类证成有所不同：第一类证成依赖于某些制度所做出的规定，并且这些制度以其他方式获得了证成；第二类证成则基于以某些方式来对待人们会带来好的结果。虽然某些纯粹的应得主张是有效的，尤其是那些关于人们应得赞扬、感激、责备或谴责的主张，但我已经论证过：无论是有差异的经济报酬还是特定形式的刑事处罚，都不能以这种方式来获得证成。

随后我考察了针对额外报酬所提出的各种具体的应得证成，包括基于道德美德、努力、能力和贡献的证成。在每一种情况下，我的策略都是先考察为什么这些特征看起来是特殊报酬的依据，然后提出论证来表明：经过更仔细的审视，这些特征都没有为特殊的经济收益提供一种有效的应得证成。我的观点并不是说，所有以应得的术语进行表述的平等主张都是假的或错误的。正如我之前所说的那样，这些主张很多都是相当正确的。我质疑的是，这些主张是否建立在应得这一独特的道德观念之上。

例如，考虑一下我刚刚引用的安东尼·阿特金森的那句话：“如果人们通过延长工作时间、承担更多责任或从事第二份工作来增加收入，那么他们至少应得这些收入的合理份额。”对这句话的最佳解释并不是把它当作一种非制度性的应得主张。一个可辩护的经济体系必须为所有人提供机会去赚取更多的钱，如果他们想要这么做的话。虽然这种机会对穷人来说特别重要，但它对所有人而言都很重要，无论是富人还是穷人都如此。剥夺人们这种增加税前收入的机会是不公平的，而以税收的形式来取走人们通过这种方式所获得的全部收益，则体现了双重的不公平（它还违背了合法的期望）。阿特金森关于人们通过工作更长的时间或更努力地工作来寻求变得更富有的例子特别强有力地说明了后一点，而这可能意味着他对提高有效税率的反驳只适用于劳动 132
收入所得税。但是，只要某些制度允许人们通过投资来获取收入，并且这些制度已经独立地获得了证成，那么我们便能够以人们放弃消费去投资赚钱作为例子来说明同样的观点（即关于合法期望的观点）。

第九章

收入不平等

近几十年来，美国和其他发达经济体的不平等已经大大加剧。2014 年，美国收入总额（来自薪酬、利息红利和销售利润）的 21.2% 流向了收入处于前 1% 的人，而收入总额的 4.9% 则流向了前 0.01% 的人。这是不平等的一种显著的加剧。此外，根据国会预算办公室的数据，1979 年至 2014 年之间，前 1% 的人的税前收入增长了 174.5%，而后 20% 的人的税前收入仅仅增长了 39.7%。（在这些情况下，收入包含了诸如福利金之类的政府转移支付。）税后收入的增长差异甚至更加尖锐：前 1% 的人的税后收入增长了 200.2%，而后 20% 的人的税后收入只增长了 48.2%。（收入处于后 21% 和后 80% 之间的人的增长率只有 40%。）在这一时期的最后（即 2014 年），前 0.1% 的人的平均年收入（纳税和转移支付之前）为 6 087 113 美元，总体上是前 10% 的人的平均收入的 20 倍。[1]

这种不平等的加剧反映出许多不同的现象，包括：第一，大公司的高层管理人员（皮凯蒂称之为“超级管理者”[2]）的薪酬在增加；第二，

[1] 数据来自国会预算办公室和 Emmanuel Saez, “Striking it Richer: The Evolution of Top Incomes in the United States (Updates with 2014 Preliminary Estimates)”。访问网址为：Inequality.org。

[2] *Capital in the Twenty-First Century*, 298-300.

金融领域的盈利能力在上升和增长；第三，国民收入份额越来越多地采取了资本回报（returns to capital）的形式。

关于第一个现象，我在第一章中提到了这些事实：1965年，在美国最大的350家公司之中，高管的平均薪酬是其员工的平均薪酬的20 134 倍。这个比例“在2000年达到了376∶1的高峰”。2014年，这个比例是303∶1，“高于20世纪60年代、70年代、80年代或90年代的任何时期”。[3] 此外，“从1978年到2014年，经通货膨胀调整后，（高管的）薪酬增长了997%，几乎是股市增长的两倍，远远高于同期普通员工的年薪的缓慢增长，因为后者只增长了10.5%”。[4] 这种程度的不平等看起来显然会令人感到不安。问题在于：为什么它应当令人感到不安，以及这是否可以用我在前面几章讨论过的那些反驳来加以解释。

首先考虑一下那些基于不平等的后果而对不平等所提出的反驳。在我看来，上述的不平等之所以应当受到反对，并不在于它会造成那些应被反对的地位伤害。正如我在第三章中所指出的，当下美国的穷人确实遭到了这些伤害，即遭到慈继伟所说的“地位贫困”和“能动性贫困”。但是，这看起来并不是由超级富豪的高收入造成的，也不是由他们和穷人的收入差距导致的。富人确实过得和我们其他人（尤其是极其贫困的人）非常不一样，但他们的生活方式所设定的标准并不会使得我们有理由感到，我们自己的生活相对这个标准而言是有缺陷的。穷人遭受地位贫困和能动性贫困所参照的标准是由“大多数人”的生活方式设定的，而不是由超级富豪的生活方式设定的。因此，这种不平等的问题并不在于它会产生某些应被反对的地位差异。

极端的收入不平等会威胁到人们获得优势职位的机会平等。这在

[3] Lawrence Mishel and Alyssa Davis, “Top CEOs Make 300 Times More than Typical Workers,” 2.
[4] Mishel and Davis, “Top CEOs,” 1-2.

1970年就已经是一个问题，当时的不平等程度已经很严重了。正如我在第五章中论证过的，要应对这一问题，除了确保高等教育和更广泛的优势职位在选拔人才时要实现程序公平之外，我们还需要为所有儿童提供高质量的公共教育和良好的幼儿发展条件。

这些目标都很难实现，而不平等的加剧会对政治体系产生影响（接下来我会谈到这一点），从而可能导致这些目标更难以实现，譬如它
135 可能导致公立学校更难获得适当的资助。然而，如果这些目标都**得以**实现，那么尽管那些处于收入分配最顶端的人在近期增加了收入并造成了不平等的加剧，但是我们并不清楚这种不平等的加剧是否会威胁到机会平等。正如我在第五章中论证过的，教育费用的支出是有限的，而这可能会给富人的孩子带来重要的优势，即便他们置身其中的那个体系在其他方面是公平的。但是，近期的不平等加剧可能会威胁到广义上的机会平等——这种机会平等关注的是人们在市场上通过创业来展开竞争的机会，因为这种不平等的加剧创造了一类极其富有的家庭，他们能够获得其他人完全缺乏的资本。

现在我转到政治平等的问题。那些处于收入分配最顶端的人之所以在近期增加了收入，这在某种程度上是由政治决策造成的，这些政治决策包括：法律和政策削弱了工会的力量，金融行业的监管减少了，以及税法的改变降低了针对高收入的边际税率，也降低了遗产税。这些变化始于20世纪80年代，它们反映了富人对政治拥有过多的影响力。就此而言，近期的不平等加剧主要来源于人们**先前早已**在影响力上形成了不平等，并且这种不平等对政治结果产生了影响。

然而，这种不平等的加剧可能会使情况变得更糟糕。富人和其他人对于影响政治结果所能够投入的资金会有越来越大的差距，而这会导致那些当选的公职人员的观点更有可能反映富人的利益，这是因为

要么这些公职人员本身就很富裕，要么他们是由于得到富裕捐助者的支持才被选中的。作为某种形式的政治不公平，这种情况本身就应当遭到反对；但它之所以应当遭到反对，还因为它导致了政治结果更难以满足正义的其他要求，例如平等关切和实质机会的要求。到目前为止，在我已经讨论过的那些针对不平等加剧的反驳中，我认为这是最强有力的一种反驳。

另一种强有力的反驳是，这种程度的不平等会导致富人对穷人的生活拥有某些不正当的控制权。除了刚刚讨论过的政治影响力，这种反驳还包含了对经济体系的控制。而这种反驳对于皮凯蒂强调的第三种不平等而言——资本集中在少数极其富裕的家庭手中——尤其是正确的。

这些基于不平等的后果而对不平等所提出的反驳并不能解释许多人的这种感受：近期的不平等加剧除了它可能产生的影响之外，它本身也应当遭到反对。为了评估这种反驳，我们需要考察这种观念，即 136
收入不平等可以仅仅基于不公平而遭到反对；此外，我们也需要考察应当如何理解这种公平观念。

如果某个商务企业的合伙人在金钱和时间上都进行了相同的投资，那么我们似乎可以合理地说，一个公平的利润分配机制应当给予每个合伙人同等的份额。有人可能会说，社会作为一个整体也与此相类似：它也是一个互利的合作企业，而社会成员作为这个企业的参与者，也应当得到与其贡献成比例的回报。然而，即便在这个假想的公司情形中，我们有理由支持同等的份额，但这个理由并不适用于作为整体的社会；而之所以如此，至少存在着以下这两个原因。

首先，我假定公司的成员在金钱和时间上都做出了相同的投资，并且我们还可以补充道，他们在才能上也做出了相同的投资。对此人们可以反驳说，这些假设并不适用于作为整体的社会，因为社会合作的参与者对资源和能力的贡献极其不同。其次，更根本的是，把社会和公司进行类比是不恰当的，因为社会合作并不是个人加入某个企业并在这个企业中贡献出他们事先被界定好的资源和才能。个人拥有哪些资源、什么才能算是经济上有价值的才能，以及个人认为自己有理由去发展哪些能力，这些问题都是由社会制度来决定的——社会制度既包括那些确定财产权和诸如有限责任公司等经济组织形式的法律，也包括那些在这个框架内产生的特定制度。这些都是罗尔斯所说的“社会基本结构”的一部分。我们正在讨论的问题是，这种结构需要成为什么样子才会是公平的。因此，对相关的公平观念的详细说明就不能依据某些依赖于此类特定结构的所有权观念。

然而，社会成员作为合作计划的参与者，这个主张在回答上述那个问题时能够发挥某种作用。在确定社会合作规范时，我们需要考虑社会成员的利益，尤其是他们从占有更大份额的社会合作成果中所获得的利益，并给予这些利益平等的地位。但是，这并不是从一开始就假定他们必须拥有平等的份额，而只是假定在回答“确定这些份额的过程应当是什么样子”这个问题时，我们必须以一种公平的方式来考虑他们的利益。

137 罗尔斯在《正义论》中对差别原则的论证便表达了这种观念的某种形式。他论证道，如果一个社会的合作成员在不知道自己的社会位置的情况下会选择某些分配原则，那么这些分配原则就将是公平的。[5] 罗尔斯认为，正义原则是在“原初状态”（Original Position）中被挑选出来的，而他在关于“原初状态”的论述中，更具体地阐述了上述这种观念。[6]

---

[5] *A Theory of Justice*, section 4, 2nd edn, 15-16.

[6] 对此的详细阐述，参见 *A Theory of Justice*, in chapter 3。

按照罗尔斯的定义，原初状态中的相关人员指的是处在特定社会地位上的公民或公民代表。在选择正义原则时，这些人的动机只是尽可能地让他们自己或他们所代表的人受益。但是“无知之幕”（the Veil of Ignorance）使得他们无法知道他们所代表的那些人具有哪些特殊的才能或处于何种社会地位。这种动机假设体现了在选择正义原则时，这些人从更大的份额中所获得的利益被纳入考虑之中；而无知之幕则体现了在确定那些原则时，这些利益具有平等的地位。

罗尔斯论证道，在这些条件下，如果某项原则会导致原初状态中的相关人员所获得的利益比在平等的分配下更少，那么他们将没有理由接受这项原则。因此，要求处于任何社会地位的人都获得平等的报酬，这个原则就将是一个自然而然的第一解决方案。但是，这些相关人员却有理由偏离这个“平等的基准”（benchmark of equality），因为如果不平等并不会导致他们过得更糟（假定诸如基本自由之类的其他因素不会受到影响），那么没有人能够反对这些不平等。因此，罗尔斯得出了这个结论：原初状态中的相关人员将选择他的差别原则作为分配正义的标准。这一原则主张，某个基本结构 S 只有在这种情况下才是正义的：这个基本结构 S 所涉及的不平等有利于社会地位最差的那些人；也就是说，任何减少这些不平等的替代方案都不能使得社会地位最差的那些人在这些替代方案之下过得比在 S 之下更好。[7]

假定我们能够以一种增加或至少不会减少工人收入的方式来减少 138
CEO 在我们当下体系中的收入（这个假定看起来是非常可信的），那么差别原则将能够解释为什么我所描述的不平等是不正义的。然而，这种解释却给我们留下了一个困惑：很多人即便没有接受任何与罗尔斯

[7] *A Theory of Justice*, 2nd edn, 72. 罗尔斯还要求，那些带有特殊益处的职位应当“在公平的机会平等下向所有人开放”，我在第四章和第五章中详细地讨论了这项要求。

的差别原则或他对差别原则的论证一样苛刻的要求，但仍然认为我所描述的那种不平等程度应当遭到反对。对此的一种可能的解释是，这些人并不确定公平提出了哪些精确的要求，但他们认为，不管对公平的正确解释是什么，这些特定的结果都不能被称为“公平的”。[8] 这便引起了以下这两个问题：第一，我们能否以其他方式来解释这种不平等所引起反对的不公平之处；第二，这种解释与罗尔斯给出的解释有什么关系。

按照我对不平等所持有的关系性观点，正如按照罗尔斯的观点来说也是如此，我们所反对的并不是关于不平等的纯粹事实，而是那些产生不平等的制度。[9] 一个复杂的经济体所产生的收入分配必须采取某种特定的模式才会是正义的，这种观点在我看来是不可信的。我认为，即便是在单独某家公司的情况下，一般而言，管理人员、工人和股东的收入之间应当保持什么比例也不存在着某种特定的答案。恰恰相反，当产生不平等的制度机制不能以正确的方式来获得证成时，不平等才应当受到反对，并且也是不公平的。[10]

139 因此，我将从这种观念来展开我的讨论：如果某个制度在收入和

[8] 我感谢乔舒亚·科恩就这个问题与我进行了非常有益的交流。

[9] 罗尔斯写道：“差别原则并没有指定任何明确的范围并要求较多受益者和较少受益者的份额比例应当落到这个范围之内。”（*Justice as Fairness: A Restatement*, 68.）皮凯蒂也写道：“我想要强调这一点：关键问题是对不平等的证成，而不是不平等的程度本身。”（*Capital in the Twenty-First Century*, 264.）

[10] 在这里，正如我在第一章中所说的，我并不同意科恩的这个观点：如果不平等不是来自收入较少者的选择，那么这些不平等本身就是不正义的，并且这一点与那些产生这些不平等的制度所具有的特征无关。根据我已经陈述的观点，收入不平等是否正义取决于那些产生这种不平等的制度政策所造成的后果和其他替代性政策所产生的后果。我认为，这一点与科恩的这个观点并没有不一致：（根本的）正义原则对事实是不敏感的（fact-insensitive）。（参见 *Rescuing Justice and Equality*, chapter 6.）我会同意我已经陈述的这个原则，即不平等是否正义取决于与后果有关的这些事实，它本身对事实是不敏感的。（尽管作为一个契约论者，我会认为其他一些根本的道德原则对事实是敏感的。）在这一特定的情况下，我和科恩之间更基本的分歧可能是，哪个对事实不敏感的原则是正确的［以及由此导致了另一个分歧：关于正义的非根本的（non-fundamental）结论能够合理地依赖于哪种事实］。对这一点的讨论，参见本章的脚注 20。

财富上造成了巨大的差距，并且没有任何充分的理由可以支持这种差距，那么这个制度就是不公平的。这些不平等可以被称为“任意的”，意思是它们缺乏恰当的证成。从这个起点出发，接下来我们可以具体地说明哪些理由是支持收入不平等的好理由，以及哪些理由不是这种好理由，并以此来为“公平制度”的概念添加内容或至少对它进行限制。（这意味着，如果存在着这样的理由，那么追求更大程度的平等就无法得到证成。）我将首先考虑那些造成税前收入不平等的制度可能会以哪些方式来获得证成，之后再回到税收的问题。

基本结构的某些构成要素会产生税前收入——我在第七章中把这些要素称为“‘预分配’体系”，而对这些要素的证成必须考虑到所有依赖这个体系维生的人[11]想要获取更大份额的资源的理由，也必须把个人自由的考量纳入考虑之中。这些考虑因素既包括人们有理由想要获取更大范围的可利用选项，也包括他们有理由反对受到别人的控制。这可能还包括哪些其他的理由呢？

在第四章中，针对那些具备不平等优势的职位，我为它们提供了 140

[11] 在确定某个基本结构是否得到证成时，哪些人的理由必须纳入考虑之中呢？答案是：所有被这个基本结构的要求所管辖的人，以及由它所提供的条件和机会来决定其生活前景的那些人。简而言之，如果这个基本结构对于某些人而言是“城镇里唯一的游戏”（按照布坎南的说法），那么这些人都将被包含在内。（关于布坎南的说法，参见“Rules for a Fair Game: Contractarian Notes on Distributive Justice,” 130。）这包括那些通过担任各种经济职位而获得收入的人，例如工人、管理人员或股东。它还包括那些从事维持社会运转所需要的无偿工作的人，例如有些人承担着照顾他人的工作。儿童、残疾的成年人或超过工作年龄的成年人自然而然被包含在内，因为他们并不代表着独立的人群。恰恰相反，童年和老年是每个正常人的不同人生阶段。所以每个人都有理由想要在童年时获得关爱和接受良好的教育，并在老年时得到照顾，而处于残疾之中则是任何人都有可能发生的事情。此外，这些人的理由也应当被纳入考虑之中，即那些选择不在社会中担任任何生产职务的人，例如范·帕里斯所设想的马里布的冲浪者（参见“Why Surfers Should Be Fed: The Liberal Case for an Unconditional Basic Income”。）这些人以这种方式被包含在内，这一事实并没有解决这个问题，即如果他们选择不去工作，那么我们是否应当为他们提供基本收入或其他公共福利。要回应他们的理由，这可能只要求他们能够通过选择参与工作来获得收入，以及要求他们处在足够好的条件下来做出这种选择。（参见第五章中对“意愿”的讨论。）最后的这个条件解释了为什么让参与工作的意愿成为获取公共福利的条件，这对于冲浪者而言可能是正义的，但对于那些在不正义的条件下（例如美国的黑人贫民区）成长的人而言则并非如此。（参见 Tommie Shelby, *Dark Ghettos*, chapter 6。）

一种三层证成；而在讨论三层证成的第一个层次时，“为了论述的完整”，我允许这种证成可能在某种程度上基于某些独立于制度的财产权观念或应得观念。我在后续的章节中提出论证把这些备选方案都排除掉了。例如，我在第八章中论证过，任何独立于制度的应得概念都无法发挥这种证成作用。而在第七章中，我已经论证过，任何非制度性的财产权都不能作为证成或批评经济制度的依据。然而，可以作为这种依据的理由则包括某些个人利益——这些利益导致人们认为存在着非制度性的财产权，例如人们有理由想要确保他们的各种个人财产的稳定性，以及包括某些由制度界定的权利——这些权利基于这些利益而获得了证成。

诺齐克关于威尔特·张伯伦的例子阐明了这一点。威尔特和他的粉丝之间的交易可能会导致不平等加剧。但正如诺齐克所说的，我们有强有力的理由不去干涉这种税前收入的不平等，只要这种不平等仅仅来自威尔特行使他的权利以决定是否要按照某个给定的价钱去打篮球，以及他的粉丝行使他们的权利来花钱买票去看他。（正如我在第七章中所论证过的，对威尔特的收入进行征税是否具有合法性则是另一个问题。）

这可能解释了为什么很多人没有像反对企业高管和金融家的收入那样去反对体育和娱乐明星的高收入。这并不是因为如曼昆所建议的那样，[12] 这些体育和娱乐明星的税前收入被认为是应得的（在此，应得被理解为优先于制度并且能够用来证成这些制度所分配的报酬）。倒不如说，这些税前收入之所以没有遭到反对，是因为就像诺齐克所设想的威尔特·张伯伦的收入一样，这些税前收入也被认为仅仅来自某个

[12] “Spreading the Wealth Around: Reflections Inspired by Joe the Plumber,” 295.

服务的供应者和消费者之间的自愿交易（而不是由于法律创造了知识产权和有线电视的垄断），并且干涉这种交易是错误的。

不平等是由人们行使经济生产力所必需的那些权利和权力造成的，这一事实也可能用来证成不平等。一个基本结构并非仅仅分配某些独 141
立存在的利益。[13]它还会创造和鼓励某些互动形式，而物质利益正是通过这些互动形式而被生产出来，因此它也是一个生产利益的体系。如果某些特征对生产利益而言是必不可少的，并且不平等是由这些特征造成的，那么这一事实原则上可以用来证成不平等。[14]但由谁来享受这些利益，这一点是很重要的。某个权利体系会促进经济发展，例如促进国内生产总值（GDP）的增长，这一事实并不意味着：不管那些增加的利益如何分配，这个事实都会被认为是在支持这个权利体系。例如，如果那些增加的利益都归总统所有（并且这是能够避免的），那么某个生产性的权利体系会促进发展，这一事实就不会被认为是在支持这个权利体系。因此，仅仅说那些从不平等受益的人**能够**以一种会让每个人都过得更好的方式去补偿那些失败者，这是不够的。[15]基本结构产生不平等的那些特征至少必须能够使得经济体系的运作方式会让每个人**实际**上都过得更好。

这两种可能性可以组合成基本结构产生重大不平等的那些特征的**必要**条件：要么消除这些不平等会侵犯到重要的个人自由[16]，要么这些

---

[13] 诺齐克提出了这种指责，并错误地把它当作一种针对罗尔斯的批评。参见 *Anarchy, State, and Utopia*, 149-50。

[14] 这是马克思在这段话中所提出的观点：“任何消费工具的分配都只是生产条件本身的分配的结果。”（*Critique of the Gotha Program*, 531.）当罗尔斯强调他所提议的并不是一种“配置正义”（allocative justice）的标准时，他也提出了类似的观点。参见 *A Theory of Justice*, 56 and 77, 和 *Justice as Fairness: A Restatement*, 50-2。

[15] 这被称为“卡尔多–希克斯补偿”（Kaldor-Hicks compensation）。参见 J. R. Hicks, “The Foundations of Welfare Economics,” *Economic Journal*, 49 (1939), 696-712; 和 Nicholas Kaldor, “Welfare Propositions of Economics and Interpersonal Comparisons of Utility,” Economics Journal, 49 (1939), 549-52。

[16] 我在第七章中所捍卫的那种个人自由。

不平等是经济体系要以一种让所有人受益的方式去运作所必需的。而缺乏这两种理由支持的不平等会以某些方式让担任某些经济职位的人受益，并且这些方式是其他人没有理由去接受的。从前面提及的那个意义上来说，这些利益可以说是“任意的”：为什么要让这些人而不是另一些人受益，这里并不存在着任何充分的理由。

142 这个析取条件是对罗尔斯的这个观点的一种相对较弱的解释，即产生不平等的体系必须“对每个人都有利”。[17] 罗尔斯更喜欢把这个观点解释成“差别原则”，它是一种更强的解释。差别原则不仅要求产生不平等的体系必须让所有人都受益，而且还要求必须让那些拥有较少利益的人尽可能多地受益。如果我们能够以某种方式来减少某个体系所产生的不平等，从而让那些拥有较少利益的人受益，那么这些不平等就是“过度的”。[18] 然而，即便我所说的这种较弱的要求也是相当强有力的。它足以解释为什么很多人没有接受某个像罗尔斯所提议的那么强的原则，但他们依然会认为我在本章开头所描述的那些不平等应当遭到反对。在他们看来，这些不平等是不公平的，因为它们是由我们的经济体系的某些特征造成的，并且这些特征只让富人受益。

他们的这种看法是否正确，这依赖于那些关于经济如何运作以及它如果做出某些改变将会如何运作的经验事实。这是我所提出的公平概念的一个普遍后果。不同于其他替代概念——它们把公平或正义等同于某种针对结果的特定模式，我提出的这个概念使得关于公平的结论依赖于这些复杂的经验问题：经济制度是如何运作的，以及如果它们的安排方式有所不同，那么它们将会如何运作。（罗尔斯的差别原则

---

[17] *A Theory of Justice*, section 12. 这可以被看成是平等关切的一种更高层次（higher-level）的版本：这个“更高的层次”所适用的是作为一个整体的经济体系，而不是具体的政府政策。

[18] *A Theory of Justice*, 2nd edn, 68.

也具有这个相同的特征。）基于这个原因，比起前几章中那些更彻底的规范性考察，接下来我关于当前的不平等形式是否公平的讨论将更具有推测性。我的目标是根据我提供的观点来确定当前收入不平等的证成性所依赖的经验主张。

本章开头所描述的那种收入不平等的加剧涉及这些不同的现象：工人和管理人员的工资差距越来越大，金融领域的规模和盈利能力在增长，资本回报率在增加，以及由继承而来的财富也在增长。接下来我将以第一种现象作为例子来集中进行讨论。这种收入的差距是由这两种因素造成的：一是那些决定以及压低工人工资的因素，二是那些决定高管的薪酬并允许增加这些薪酬的因素。首先，让我们考虑那些 143
影响最高收入的因素。

自 20 世纪 70 年代以来，最大公司的高管薪酬已经大幅地增加了。从那时起，经济发生了巨大的变化，包括技术的改变、全球市场的增长以及最大公司的规模扩大。有人可能会说，公司规模的扩大提高了这些公司高管的边际生产力，从而证明了增加他们的薪酬是正当的。但基于以下这两个理由，这并不是一种有效的证成：首先，正如皮凯蒂所观察到的，我们很难去界定那些担任这种职位的高管的个人边际生产力。[19] 其次，更根本的是，即便我们能够在纯粹虚拟的意义上来衡量高管的边际生产力（即衡量由他们出色的工作表现和糟糕的工作表现造成的差异），但这种纯粹虚拟意义上的边际生产力本身并不能证明更多的报酬是正当的。正如我在第八章中论证过的，虽然去掉某个人的工作会带来差异，但这种差异并没有确定某种由这个人（相对这个过程所涉及的其他人而言）生产出来的产品。

---

[19] Piketty, *Capital in the Twenty-First Century*, 330-1.

我已经说过，经济体系产生严重不平等的那些特征可以通过这个事实来获得证成：为了使该体系以一种让所有人受益的方式去生产利益，这些特征是必需的。而公司需要有权力来选择它们的高管并决定支付多少薪酬给他们，而且有人可能会主张：当下的高管薪酬水平是人们合法行使这些权力的结果，因为人们需要用这些更多的报酬作为激励来吸引有才能的人去担任高管的职位，并激励他们在这些职位上拥有出色的表现。然而，正如比文斯和米歇尔所指出的，证据表明：如果薪酬的标准有所不同，并且高管普遍得到远远更低水平的薪酬，这些职位仍然会吸引那些有才能的人。[20] 此外，正如他们也指出的那样，
144 一家大公司 CEO 薪酬的上涨和下降所反映的是该公司所在的那个一般领域的公司股价，而不是该公司在那个领域内的相对成功。因此，奖励所针对的是并不是管理决策的质量，而是这种运气，即幸运地处在一个公司总体表现良好的经济领域。

技术的改变、全球市场的增长和公司规模的扩大已经对所有工业化的社会产生了影响。但是，高管薪酬的增长在某些社会要比其他社会大得多：一般来说，英语国家的增长更大，而美国的增长则是最大的。[21] 正如皮凯蒂所建议的，这使得我们可以合理地认为，近期高管薪酬的增长受到了这两种因素的强烈影响：一是被这些国家所接受的、适用于这些职位的薪酬标准；二是这些标准随着时间的推移所产生的改变。这一

---

[20] Bivens and Mishel, “The Pay of Corporate Executives and Financial Professionals as Evidence of Rents in Top 1 Percent Incomes,” 63. 鉴于这些职位本来就是令人向往的，人们有很好的理由去追求这些职位，即便没有巨额的金钱奖励作为激励。因此，如果某项政策始终坚持不提供这种奖励，那么它几乎不可能会导致无法产生出足够多的合格申请者。**鉴于这一事实**，按照我提供的那种解释，提供高额报酬的政策就会是得不到证成的。因此，屈服于 G. A. 科恩在《从哪里采取行动》(“Where the Action is”)这篇文章中所描述的那种富人的要求，这是不正义的。我并不认为这一结论对相关事实（关于有才能的人会如何回应一项始终不提供奖励的政策）的依赖是有问题的。不过科恩可能会不同意。

[21] Piketty, *Capital in the Twenty-First Century*, 315-21.

点是非常有说服力的，因为高管的薪酬越来越多地由薪酬委员会来决定，并且这些委员会通常会雇用外部顾问，而这些顾问则依据高管在“具有可比性”的公司所获得的回报来推荐和证成薪酬方案。[22]

以这种方式产生的不平等是不正当的，这一结论并没有依赖于这个假设，即高管薪酬是由某种假公济私的腐败造成的。我所说的内容与下述这种情况完全是相容的：薪酬委员会与那些由它们来决定其收入的高管确实是互相独立的，并且这些委员会是根据它们认为在客观上有正当理由的标准来进行运作的。倒不如说，这里的要点是，导致他们增加薪酬的那个机制缺乏恰当的证成。而如果一个决定高管薪酬的机制具有这种严重的“疏忽”，那么它对于公司的良好运作来说就不是必要的，并且改变这种机制以减少不平等，也不会不正当地减少个人的自由。

并不是只有美国最大公司的高管薪酬才会遭到这种反驳。许多其 145
他收入（包括大学教授的收入）可能在很大程度上是由惯例的标准来决定的，而不是制度的良好运转所必需的。CEO 薪酬的特殊之处在于它所涉及的收入的规模。这表明，对不平等的这种特定反驳（亦即“任意性”的指责）所具有的强度与它所涉及的不平等程度是成正比的。

高水平的高管薪酬缺乏证成的一个后果是，这会破坏那些反对向这种收入征税的意见，例如一些反对意见认为这些税收会干扰经济效率。但这里留下了这样一个问题：存在着哪些理由会**支持**以高税率对这些收入进行征税。第一个强有力的理由是，经济体系作为一个整体要获得证成需要满足某些条件——例如平等关切和实质机会所要求的条

[22] 正如我在第三章中所讨论的。参见 Bivens and Mishel, “Pay of Corporate Executives,” 64。关关于高管薪酬的上涨可能会有哪些解释，也可参见 Lucian Bebchuk and Yaniv Grinstein, “The Growth of Executive Pay”。

件（稍后我会继续讨论它们），而要为这些条件所需的公共物品买单，税收则是必不可少的。自 20 世纪 70 年代以来，美国最高收入者的边际税率已经降低了，这是更广泛的减税政策的一部分，而减税政策破坏了政府满足这些要求的能力。仅仅针对那些处于最高收入阶层的人征收更高的税款，并不足以解决这个问题，但这些税收将是任何可被证成的解决方案的一部分。

对最高收入者征收高边际税率的第二种可能的证成是，为了减少不平等的负面后果，例如减少它对政治制度的公正性所造成的影响，这些高边际税率是必需的。在此我将不继续讨论这种证成，因为我已经讨论过那些基于不平等的影响而对不平等所提出的反驳。

第三种可能的证成则是，仅仅为了阻止那些本身不公平的不平等，我们也需要对高收入进行征税。虽然这种证成有时候可能是有效的，但值得指出的是，那些对收入进行“再分配”的税收，即便它们这么做是基于平等主义的理由，也不需要以这种更有争议的方式来获得证成。这种证成在这种情况下所主张的是，只有当一部分税前收入通过税收进行再分配时，基本机构产生税前收入不平等的那些特征才是可被证成的。这种证成的合理性依赖于对以下这个问题给出某种解释，即为什么这些税前收入一开始会被证明是正当的并且不能受到限制。

146 我们刚刚讨论的高管薪酬的情况可以用来作为一个例子。公司需要有权力来决定雇用谁担任高管以及决定这些高管的薪酬。如果我们没有办法来监管这种权力以阻止高管薪酬的不正当增长，那么遏制由此产生的不平等（假设我们有其他理由来这么做）的唯一方法就是对这些收入征收重税。而如果正如一些人所表明的，[23] 自 20 世纪 80 年代以

[23] 参见 Piketty, *Capital in the Twenty-First Century*, 509-10, 和 Atkinson, *Inequality: What is to be Done?*, 186。

来的边际税率下降是高管薪酬增长的原因之一——因为这给予了高管更大的激励去寻求更高的薪酬和奖金，那么提高这些税率就将是遏制这种增长的一种方式——因为这会减少这些激励。

现在我开始讨论那些影响工人收入和更广泛的穷人收入的因素。在我提议的框架之内，这里的问题是：为了让经济生产力有利于所有人（包括工人和穷人），那些通过压低工人和最贫穷十分之一人口的收入来导致不平等加剧的因素是不是必不可少的。鉴于当代美国的经济体系，工人在公司收入中所占的份额要么取决于公司和工人个体之间的讨价还价，而工人普遍没有议价能力；要么则取决于公司和工会之间的集体讨价还价，且工会能够以罢工作为威胁来支持自己。这意味着，结果的不平等程度在很大程度上取决于工会的有效性，而在我们正在讨论的那段时期，工人的工资之所以没有比实际情况增长得更多，这至少在某种程度上是由于法律和政策削弱了这种议价能力。[24] 工会力量的下降只是近几十年来穷人普遍过得不好的原因之一，因为许多穷人都失业了。但这是一个重要的因素。[25]

作为回应，有人可能会争辩说，工会拥有更大的权力会干扰经济效率，例如它会导致工人有能力阻止某些提高生产效率的改革。正如我已经说过的，这可能为限制工会的权力提供了一种证成，即便这会 147

[24] 按照布鲁斯·韦斯顿（Bruce Western）和杰克·罗森菲尔德（Jake Rosenfeld）的评估，1973 年至 2007 年之间，1/5~1/3 的收入不平等加剧是由工会衰落造成的。参见“Unions, Norms, and the Rise in U.S. Wage Inequality”。有趣的是，他们还发现，一个地区工会的壮大与该地区没加入工会的工人的工资增长有关。他们认为，这种情况在某种程度上是由于工会对劳动力市场的规范产生了影响，而这种影响会“将劳动力市场维持成一种社会机构，并且在这个机构之中，公平的规范塑造着工会部门以外的工资分配”（第 533 页）。我感谢查尔斯·贝茨（Charles Beitz）提醒我注意他们的工作。

[25] 另一个可能的因素是各种市场中公司数量的减少，从而减少了对工人的竞争，而这会降低工人的议价能力，并因此降低他们的工资。参见 Council of Economic Advisers Policy Brief 2016,“Labor Market Monopsony: Trends, Consequences, and Policy Responses”。这一点需要通过反垄断的政策来解决。

降低工人的收入。但是，德国等其他国家的经验表明：为了建立一个运转良好的现代经济体，事实上没必要以一种将工人的收入份额降低到这种程度的方式来削弱工会。然而，即便那些降低工人的议价能力并因此降低他们的收入的因素是提高生产率所必需的，但按照我提倡的观点，这一点只有当这种生产率有利于所有人（包括那些收入减少的人）时，才可以用来证成结果的不平等。而我已经引用的那些数据则表明：最近几十年来，生产率的收益实际上并没有被最低收入群体所共享。那些在美国收入分配中处于后 50% 的男性，他们在 2015 年的实际税前收入并没有高于 1962 年。[26]

一些人可能会争论说，考虑到国际竞争，提高工人的工资实际上并不会让他们过得更好。恰恰相反，这会增加生产成本，从而提高相关商品的价格，结果会导致那些雇用他们的公司不再具有竞争力，而工人也将因此失去工作。然而，即便这为降低工人的工资提供了一种证成，它也没有证明降低工人的**收入**是正当的。如果低工资会让公司保持盈利，那么这些利润可以由工人来共享。这一点可以通过让工人持有公司的股份来实现，或者通过让主权财富基金（sovereign wealth fund）持有股份的所有权来实现，而该基金将使用这些利润来为收入补助或我已经提到的其他措施买单，或者将提供更高水平的公共服务，包括医疗保健、公共交通和免费高等教育，从而使得工人的生活水平更不需要依赖于他们的收入。[27]

148 我们最好把这个问题看成不仅涉及收入的不公平分配，而且更广

[26] 参见 Piketty, Saez, and Zucman, “Distributional and National Accounts: Methods and Estimates for the United States”。

[27] 阿特金森讨论过以这种方式来使用主权财富基金，参见 *Inequality*, 176-8。他还指出，前一种策略（即增加工人的股份所有权）的一个成本是，那些充当中介的金融服务公司将抽走一部分利润（第 161 页）。

泛地涉及经济生产力成本的不公平分配。为了建立一个高效的经济体，公司需要有能力随着条件的改变去雇用和解雇工人。但是，这里并不存在着好的理由来解释为什么这种灵活性的成本应当只由工人来承担。只要这个问题是财务上的问题（即工资降低以及由失业造成的收入损失），那么它就可以通过失业补助体系或有保障的基本收入来解决。但我们正在讨论的成本不仅仅是财务上的成本。当一家工厂倒闭了或转换成另一种不同的生产方式时，被解雇的可能性会剥夺人们对其生活的控制权。为那些被解雇的工人提供有效的再培训项目将在某种程度上缓解这一问题。但是，只有当完成这些项目的工人能够获得工作时，这些才是有用的。因此，一种充分的应对方案还必须包括那些刺激需求并提供就业机会的措施，例如货币和财政政策。

总结这一讨论：在没有正当理由的情况下，让某些工人来承担经济生产力的成本会造成某种不平等，而要阻止或至少缓解这种不平等，我们起码需要采取以下这三种措施：一是某种形式的财政缓冲，例如失业补助或有保障的基本收入；二是下岗工人能够在其中获得新技能的有效项目；三是某些更广泛的经济政策，这些政策会为那些获得相关技能的工人提供新的就业形式。为了支付这些福利所需的费用，某些税收是必不可少的，而这些税收能够以我提到的第一种方式来获得证成：经济体系作为一个整体要获得证成需要满足某些条件，这些税收可以用来支付这些条件所需的费用。那些压低工人收入的现行政策是不公平的，这一指责依赖于这个主张，即我们能够以某种方式来实施这些措施，并且这会让工人比在现行体系下过得更好。

我之前区分过三种针对不平等的反驳，而支持这些反驳的理由在这里都汇合在一起了。我一直在讨论的反驳是这样一种反驳：对生产效率的成本的某些分配是得不到证成的，因此是不公平的。工人能够通过某些项目去获得新技能，这一点不只受到这种公平要求的支持，我在第五章中讨论过的那些支持实质机会的理由同样也会支持这一点。人们
149 有理由想要能够选择职业并且发展这些职业所需要的技能，这些理由并不会在一个人接受了他的第一份工作之后就消失了，而是会贯穿他的一生（不管他是否失去那份工作）。[28] 另外，如果政府在现代社会中的职责之一是管理经济以确保生产力的提高以及为公民提供就业机会，那么下述这种做法就会违背我在第二章中讨论过的那种平等关切的要求：某些工人所在的经济领域或国家地区因技术和市场的变化而处于失败之中，但比起这些工人而言，政府更充分地向其他人履行了这一职责。当然，找到某些方法以便更公平地分配经济生产力的成本，这是非常困难的。[29] 然而，除非存在着有效的政治意愿来支持这项任务，否则人们甚至不太可能去尝试它；但反过来，当工会的政治力量薄弱，并且经济不平等会对政治影响力产生我在第六章中讨论过的那些影响时，人们则不太可能会形成有效的政治意愿来支持这项任务。

我一直在讨论高管与工人之间的收入不平等，但这只是近期不平等加剧的一个方面。另一个方面则是金融从业人员的收入增长。我将使用我刚才描述的那个规范性框架来解决这个问题。因此，答案将依赖于有关金融机构筹集和分配资本的必要性，对银行和其他金融机构的监管，以及特定金融工具的证成性等经验问题，而我无法在此对它们进行探究。[30]

然而，我确实想谈一谈我提出的框架如何应用到继承财富的情况，这是我提到的不平等的最后一个来源。在这里，我们自然而然会从这

[28] 正如费希金所论证的那样。参见 *Bottlenecks*, 220ff. and elsewhere。
[29] 对此的一些提议，参见 Atkinson, *Inequality*, 132 and 237-9。
[30] 对此的一个综述，参见 the Roosevelt Institute report, "Defining Financialization"。

样一种观点来展开讨论：如果一个人在其一生中积累的那些资产都是以合法的方式获得的，那么这个人就有资格将这些资产传递给他的子女，就像他可以采取任何其他方式去自由地花钱一样。然而，以这种简单的形式来陈述这个主张，这过于仓促了，因为它简单地假定了一个人对于资产的资格包含了通过遗产来转移资产的权力。但是，能够让自己的孩子过得更好，这是人们去工作和存钱的主要理由之一。因此，人们拥有某些基于自由的重要理由来支持应当允许他们以这种方式去转移一些资产。与此相反，为了限制不平等的不良影响，人们也有理由去抑制不平等。这些理由之所以变得越来越强（也可以说，允许代 150
际转移的理由变得越来越弱），并不是基于被转移的总资产的规模，而是基于转移到任何单一个体身上的金额。

因此，为了实现减少不平等和限制对资本的集中控制这两个目标，一种更好的方法是对遗产的继承人进行征税，而不是不管遗产如何分配就直接对遗产本身进行征税。这里似乎没有理由可以解释，为什么我们不应当像对其他来源的收入一样去对由馈赠和遗产所得的收入进行征税。[31] 像其他任何税收一样，这些税收也需要被证明是正当的，但支持这些税收的理由跟我在其他情况下所讨论的理由是相同的，这些理由既包括增加财政收入的必要性（尤其是为了满足实质机会和平等关切的要求），也包括支持限制不平等以抑制其不良影响的那些理由。

如果我们关注的是对资本的集中控制，那么正如皮凯蒂所建议的，通过对财富本身进行征税，而不是仅仅对财富的代际转移进行征税，可以更好地实现这个目标。[32] 而只要我们关注的是对经济的控制，那么这种税收就可以集中在**资本**身上；在这里，资本指的是那些涉及控制

---

[31] 正如墨菲和内格尔所提议的那样。参见 *The Myth of Ownership*, 159-61。

[32] *Capital in the Twenty-First Century*, chapter 15.

经济的财富形式，而不是诸如主要住宅的所有权之类的一般财富。[33]

在这一章的开头，我提醒大家注意这些令人不安的事实，即美国的富人和穷人之间的收入比率以及大公司中工人和高管之间的收入比率。这些比率以及它们的增长方式是令人不安的。我已经论证过，问题并不在于这些比率本身，而且要解释为什么它们令人不安，也不需要依赖于任何关于这些比率应当是什么的特定看法。倒不如说，问题在于造成这些不同收入水平的因素是缺乏证成的，并且我已经试图阐明这一点怎么会这样。

罗尔斯的差别原则以同样的方式来确定正义的问题。差别原则并没有详细阐述处于不同社会地位的个人之间的期望比率必须是什么，而是详细说明了产生这些期望不平等的制度必须以何种方式来获得证成。由罗尔斯的原则可以推论出，我所描述的收入不平等是不正义的。
151 但为了得出这个结论，我们没必要接受某个像罗尔斯的原则一样强的原则。相同的结论也可以从我所说的这个较弱的必要条件推论出来：不平等为了能够获得证成，它们必须是由人们行使重要的个人自由不可避免地造成的，或者是由经济体系的某些特征导致的，并且这些特征是经济体系以一种让所有人都受益的方式去运作所必需的。

然而，支持这个较弱主张的理由会自然而然地导向某种非常类似罗尔斯的更强原则的东西，即要求可被证成的不平等不仅必须让那些拥有较少收入的人受益，而且必须尽可能多地让他们受益。[34] 即便基本结构的某个特征会产生不平等并因此能够在某种程度上让所有人都受

[33] 阿特金森强调过这个区分，参见 *Inequality*, 95。

[34] 之所以是“某种非常类似的东西”，部分原因是：我允许把我们对自由的一般考量（以我已经确定的那两种形式）当作支持或反对基本结构的特征的理由之一，而罗尔斯的差别原则所适用的那些基本社会益品只包含了某些“基本自由”。但这种差异会因以下这个事实而缩小：这些基本自由包含了诸如拥有个人财产的权利等重要的个人自由。参见 Freeman, “Capitalism in the Classical and High Liberal Traditions,” 31, and n. 27, and Rawls, *A Theory of Justice*, 53, 54。

益，也就是说，它的影响会是一种帕累托改进（Pareto improvement），但由此产生的收入分配却仍然可能是非常不公平的。根据我提议的观点，它的不公平之处就在于，我们能够以其他方式来获得相同的生产优势，并且同时更平等地分配利益。因此，如果这些产生不平等的特征缺乏其他的证成，那么它们就将是“任意的”。所以，消除所有在我描述的那种意义上的任意不平等就将得出某种非常类似罗尔斯的差别原则的东西。但是，为了谴责现有的不平等程度，我们没必要一直追随这个论证直到得出这一结论为止。

如果某个社会不会遭到我所描述的那些反驳，那么它的收入不平等会有多大呢？这里的答案取决于这些经验事实，即我们有没有可能以其他替代方式来组织经济。我自己的猜测是，这种不平等不会非常大：它一定远远小于美国20世纪中叶的那种不平等，更不用说自那时以来我们所看到的情况了。

第十章

结　论

这本书所阐述的平等观既是关系性的，也是多元论的（pluralistic）。我坚持认为，我们有许多不同的理由来反对不平等，并且这些理由依赖于不平等如何影响个体之间的关系，或者个体之间的关系如何产生不平等。在前面的章节中，我详细地考察了其中的一些反驳：对违反平等关切的反驳（第二章）、对地位不平等的反驳（第三章）、对干涉经济和政治制度的公正性的反驳（第四章、第五章和第六章），以及对造成巨大结果差距的经济制度的反驳（第九章）。在最后一章中，我将论述由这些分析所得出的某些一般性的结论。

一、不平等形式的多元性

这种多元论观点的一个优点是，它承认各种不平等形式之间的差异。除了超级富豪和我们其他人之间的不平等之外，现实中还有过着舒适小康生活的人和赤贫的人之间的不平等，以及种族不平等和各种形式的性别不平等。这些不平等都是我们应当反对的，但我们之所以反对它们却是基于不同的理由，而不是仅仅因为它们都违反了这个单一的要求——个人的前景应当是平等的。

我在第九章中讨论过某种经济生产力的效益和成本的不公平分配，而这种分配会造成超级富豪和社会其他人之间的不平等。此外，它还会导致人们无法平等地获取产生政治影响的重要手段。

种族不平等则涉及应被反对的地位不平等、经济机会的缺乏、教育和其他重要公共服务的不平等供应，以及由法律制度施加的不平等
对待。它还涉及一些人被剥夺了那些获取产生政治影响的有效手段的 153
途径，包括他们在许多情况下会被剥夺投票权。性别不平等同样也涉及应被反对的地位不平等以及缺乏平等的经济机会，这既因为在就业招聘和接受教育方面存在着歧视，也因为家庭生活负担的不平等分配。它还涉及那种导致女性无法获得具有政治影响力的职位的歧视，并且这种歧视一直都在维持着性别不平等。

赤贫的人由于无法接受教育而缺乏经济机会，并且他们也无法充分获得诸如医疗保健等其他重要的公共服务。这些问题之所以持续存在，部分原因是穷人的利益在政治体系中没有得到充分的体现。此外，穷人对其生活的重要部分也缺乏控制权。他们在工作生活中会受到其他人的控制，而且他们几乎无法选择职业，并且还遭受着慈继伟所说的“能动性贫困”和“地位贫困”。

虽然我所讨论的大多数应被反对的不平等的例子都涉及一个国家内部的不平等，但这并不意味着我所提出的平等观点只适用于这种情况，而不适用于全球不平等。我的探究是为了确定对不平等的不同反驳的道德依据。我们从以下这些例子可以看出：这些反驳在依据上的不同蕴含着它们的适用范围也会有所不同。

正如我在第一章和第三章中所指出的，基于平等关切的反驳预设了某个能动者或机构有义务提供某些好处。这些机构通常都是国家机构，甚至是更地方性的机构，但相同的平等关切要求也适用于现有的国际机

构。就机会平等而言，我在第四章中描述的那种制度性的理由会支持某项程序公平的要求，但这项要求并没有受到国界的限制。拒绝来自其他国家的更合格的候选人，就跟拒绝具有类似资格的当地候选人一样，都是对程序公平的侵犯。但另一方面，实质机会的要求包含了应当为个人发展才能提供教育和其他条件的义务。我已经假定，这种义务由地方机构来承担，但我们可以论证道，它能够适用于更广泛的范围。基于不平等对政治制度的公正性的影响而对不平等提出反驳，这种反驳关注的是
154 不平等对某些特定政治制度的影响。但这种反驳可以应用到全世界的范围之内。那些依赖某个国家的法律而生存的大公司，它们可能会干扰其他国家的政治进程的公正性。同样地，如果对不平等的反驳是基于它会让某些人对其他人的生活拥有某种控制权，那么这种反驳就能适用于任何存在着这种控制权的地方。最后，我在第九章中讨论的那种收入和财富的不平等之所以应当受到反对，是因为产生这种不平等的制度无法得到证成，这包含了全球不平等以及一个国家内部的不平等。

二、对不平等的重叠反驳与过得最差的人所具有的平等主义优先权

这些对不平等的不同反驳会互相重叠。如果基本结构的某些特征会产生无法得到证成的结果不平等，那么除了最富裕的人之外，其他所有人都有理由来反对这些特征。同样地，所有无法平等地获取政治影响力的人都有理由来反对会产生这种影响的经济不平等。

而如果一些人没有被提供充足的重要公共福利（例如教育），那么他们会有很好的理由来反对这一点。这种反驳首先是一种针对不充足（insufficiency）的反驳，而不是一种针对不平等的反驳；但只要这种不

充足是由人们无法获取政治影响力造成的，或者它反映了政府违反平等的关切，那么这种反驳就变成了一种平等主义的反驳。不只是赤贫的人，那些收入位于中间五分之一的人也会持有这些反驳。但穷人的反驳会更加强有力，因为他们享受的服务水平甚至会更低。除了这些反驳之外，穷人也有理由来反对他们的不平等地位，而那些遭受各种歧视的人也会持有这种理由，并且他们的理由甚至更加强有力。

这些反对不平等的重叠理由会产生这种累积效应（cumulative effect），即那些过得最差的人应当得到某种形式的优先权。如果某些不平等的形式会影响到穷人，尤其是影响到那些既贫穷又受到歧视的人，那么我们便有最强有力的理由来反对这些不平等的形式，并且尽可能地消除它们。但这并没有使得我所提出的观点变成了一种优先主义的观点并且与平等主义的观点相对立。这是因为支持这种优先权的大部分理由——尤其是对地位不平等、违反平等关切和政治与经济制度缺乏公正性的反驳——本身都有平等主义的特征。它们至少在广义上属于平等主义的理由，因为它们反对在一些人与其他人之间存在着差异；而就刚才提及的那些理由而言，例如地位不平等和违反平等关切，这些理由在狭义上也属于平等主义的理由，因为它们建立在特定的平等形式的价值之上。 155

三、给予机会平等恰当的位置

不要夸大机会平等的实现程度，这一点是很重要的。我们的经济制度（包括我们的教育体系），不仅继续体现着种族歧视和其他类型的歧视，而且还继续体现着其他形式的程序不公平。此外，我们还没有为所有人提供实质机会的条件。但同样重要的是，我们应当认识到，即便机会平等得到了充分的实现，也不会导致由此产生的不平等就是正义的。机会平等**预设**了某些对不平等职位的其他证成，而它并不能提供这样一种证成。

然而与此同时，我们也不应当忽视这个事实：程序公平和实质机会都很重要，即便它们无法得到充分的实现，它们也非常值得追求。所以重要的是，我们应当恰当地理解这些价值，尤其是理解能力、优点、努力和选择这些观念，因为人们经常使用这些观念来表述这些价值。

四、避免道德主义和错误的应得观念

恰当地理解能力、努力和选择的道德意义使我们能够避免道德主义和错误的应得观念。我在第四章、第五章和第八章中已经尝试提供这样一种理解。与正义问题相关的那种能力既依赖于制度职务的结构，也依赖于某个特定社会的现有发展条件。因此，如果我们独立于任何制度来定义个人属性，那么能力并不是一种正义的制度所应当奖励的个人属性。而选择和努力之所以与证成不平等相关，是因为下述这个事实
156 能够破坏人们针对他们缺乏某些优势所提出的反驳：如果他们之前选择付出必要的努力，那么他们本来可以拥有这些优势。但是，一个人有机会去选择一个不同的结果，这一事实只有在以下这种情况才能够具有这种使不平等合法化的效果，即这个人在拥有那个选择的机会时，他处在足够好的条件之下。

五、平等与价值

在前面的章节中出现的另一个主题是：一个社会是否展现出理想

的平等形式，或者是否展现出应被反对的不平等形式，这将依赖于那个社会普遍流行的价值观念。在第三章关于地位的讨论中，这种依赖以好几种方式体现出来。许多歧视形式都涉及人们对于某些诸如肤色等个人特征的重要性存在着基本的评价错误。而贫穷是否涉及缺乏地位也依赖于某个社会普遍流行的评价态度。此外，一种完全任人唯才的制度会是一种应被反对的等级制，这种观点依赖于这个（可信的）假设，即这个社会的成员会过度重视这种制度所奖励的那些成就。

这对我们关于机会平等的思考造成了一种两难困境。实质机会要求人们的成长环境要让他们看到，那些使他们有资格获得优势职位的能力是有价值的，并且是值得奋斗的。但是，如果一个社会鼓励人们过度重视这些特定形式的成就和成功，那么它可能会遭到反对。在这两者之间实现恰当的平衡是一件很困难的事情。

六、经济不平等与可被证成的制度

我同意罗尔斯（以及诺齐克和哈耶克）的这个观点，即不存在任何有效的一般原则可以用来详细指定收入和财富的分配所应当采取的模式。收入和财富的某种分配是否正义，这取决于产生这种分配的制度的性质；如果产生收入不平等和财富不平等的制度能够以一种恰当的方式获得证成，那么这些不平等就是公平的。对这些制度的证成是一
个复杂的问题，它依赖于这些经验事实：在某种特定的环境中，各种 157
经济和政治安排会产生什么后果。而像这样一本书的任务则是，试图在这种证成中确定与此相关的规范性要素。

关于这一点，我既有否定性的主张，也有肯定性的主张。我的否定性主张是（在第七章和第八章中），经济制度无法通过诉诸某些独立

的财产权概念或应得概念来获得证成。而我在第九章中提出的肯定性主张则是，这种证成因此必须诉诸人们基于这些制度对他们的生活的影响而接受这些制度的理由。除非避免收入不平等会侵犯重要的个人自由，或者会干扰生产过程并导致那些拥有较少收入的人过得更糟糕，否则产生收入不平等的制度就是无法获得证成的。这种证成性的标准比罗尔斯的差别原则更弱，因为差别原则主张，只有当产生不平等的制度会让那些过得差的人尽可能地过得好，此时不平等才是正义的。但是，这个较弱的原则却足以解释为什么盛行于当今社会的不平等程度应当受到反对。此外，得出这一较弱原则的那个论证思路也会为罗尔斯的较强版本提供支持。

七、让（所有人的）自由占有一席之地

正如我刚才指出的，人们接受或反对制度的理由包含了他们在个人自由这方面上的利益。这些理由包括：人们既有理由想要机会变得可被利用，也有理由想要在对这些选项做出选择时处于良好的条件之下，并且还有理由反对受到他人的控制。对制度的证成需要把每个人拥有的这类理由都纳入考虑之中，包括权利在被强制执行时所针对的那些人以及权利的持有者。

八、为什么不平等至关重要？

人们拥有许多不同的理由来反对各种形式的不平等，这些理由分别基于不平等的影响、它所涉及的人与人之间的关系，以及那些产生它的制度。这些理由是多种多样的，它们并非都来源于某种单一的平等

主义分配原则。将它们统一起来的是它们在以下这个过程中所共同扮演
的角色：对于那些被要求接受某些社会制度的人而言，这些制度必须 158
通过这个过程而获得证成。因此，我的观点在两个层面上属于平等主义的观点。在抽象的层面上，它之所以是平等主义的观点，是因为它主张，对于那些被要求接受某些制度的人而言，这些制度必须以一种认真对待他们所有的利益并给予这些利益同等重视的方式来获得证成。而在更具体的层面上，它之所以是平等主义的观点，是因为它承认人们有各种各样的理由来反对受到某些特定方式的不平等对待。这些正是各种形式的不平等至关重要的理由。

参考文献

Achen, Christopher H., and Larry M. Bartels, *Democracy for Realists: Why Elections do Not Produce Responsive Government* (Princeton: Princeton University Press, 2016).

Ackerman, Bruce A., and Anne Alstott, *The Stakeholder Society* (New Haven: Yale University Press, 1999).

Allen, Danielle, "Toward a Connected Society," in Earl Lewis and Nancy Cantor (eds), *Our Compelling Interests: The Value of Diversity for Democracy and a Prosperous Society* (Princeton: Princeton University Press, 2016), 71–105.

Anderson, Elizabeth, "What is the Point of Equality?," *Ethics*, 109 (1999), 287–337.

Arneson, Richard, "Equality and Equal Opportunity for Welfare," *Philosophical Studies*, 56.1 (1989), 77–93.

Atkinson, Anthony, *Inequality: What Can Be Done?* (Cambridge, MA: Harvard University Press, 2015).

Bartels, Larry, "Economic Inequality and Political Representation," in Bartels, *Unequal Democracy: The Political Economy of the New Gilded Age* (Princeton: Princeton University Press and Russell Sage Foundation, 2008), 252–82.

Bashir, Omar S., "Testing Inferences about American Politics: A Review of the 'Oligarchy' Result," *Research and Politics*, 2.4 (2016); retrieved from: <http://rap.sagepub.com/content/2/4/2053168015608896>.

Bebchuk, Lucian, and Yaniv Grinstein, "The Growth of Executive Pay," *Oxford Review of Economic Policy*, 21 (2005), 283–303.

Beitz, Charles, *Political Equality* (Princeton: Princeton University Press, 1989).

Bell, Daniel A., *The China Model: Political Meritocracy and the Limits of Democracy* (Princeton: Princeton University Press, 2015).

Bivens, Josh, and Lawrence Mishel, "The Pay of Corporate Executives and Financial Professionals as Evidence of Rents in Top 1 Percent Incomes,"

Journal of Economic Perspectives, 27 (2013), 57–78.
Buchanan, James, "A Hobbesian Interpretation of the Rawlsian Difference Principle," *Kyklos*, 29 (1976), 5–25.
Buchanan, James, "Rules for a Fair Game: Contractarian Notes on Distributive Justice," in *Liberty, Market, and the State: Political Economy in the 1980s* (New York: New York University Press, 1985), 123–39.
Buchanan, James, and Richard A. Musgrave, *Public Finance and Public Choice: Two Contrasting Visions of the State* (Cambridge, MA: MIT Press, 1999).
CDC, *Health Disparities and Inequalities Report—United States* (Washington, D.C.: Center for Disease Control and Prevention, U.S. Department of Health and Human Services, 2013. Retrieved from <cdc.gov>.
Ci, Jiwei, "Agency and Other Stakes of Poverty," *Journal of Political Philosophy*, 21 (2014), 125–50.
Cohen, G. A., "On the Currency of Egalitarian Justice," *Ethics*, 99.4 (1989), 906–44.
Cohen, G. A., "Justice, Freedom, and Market Transactions," in *Self-Ownership, Freedom, and Equality* (Cambridge: Cambridge University Press, 1995), 38–66.
Cohen, G. A., *Self-Ownership, Freedom, and Equality* (Cambridge: Cambridge University Press, 1995).
Cohen, G. A., "Where the Action is: On the Site of Distributive Justice," *Philosophy and Public Affairs*, 26 (1997), 3–30.
Cohen, G. A., *Rescuing Justice and Equality* (Cambridge, MA: Harvard University Press, 2008).
Cohen, G. A., *Why Not Socialism?* (Princeton: Princeton University Press, 2009).
Cohen, Joshua, "Money, Politics, Political Equality," in Cohen, *Philosophy, Politics, Democracy* (Cambridge, MA: Harvard University Press, 2009), 268–302.
Cohen, Joshua, and Charles Sabel, "Extra Rempublicam Nulla Justitia?," *Philosophy and Public Affairs*, 34 (2006), 147–75.
Cottom, M. T., "Why do Poor People 'Waste' Money on Luxury Goods?," Talking Points Memo (2013); retrieved from <http://talkingpointsmemo.com/cafe/why-do-poor-people-waste-money-on-luxury-goods>.
Council of Economic Advisers Policy Brief 2016, "Labor Market Monopsony: Trends, Consequences, and Policy Responses"; retrieved from <https://obamawhitehouse.archives.gov/sites/default/files/page/files/20161025_monopsony_labor_mrkt_cea.pdf>.
Cullen, Mark R., Clint Cummins, and Victor R. Fuchs, "Geographic and Racial Variation in Premature Mortality in the U.S.: Analyzing the Disparities." *PLOS|one*, April 12, 2012; retrieved from <http://journals.plos.org/plosone/article?id=10.1371/journal.pone.0032930>.

Daniels, Norman, "Merit and Meritocracy," *Philosophy and Public Affairs*, 7 (1978), 206–23.

Daniels, Norman, "Fair Equality of Opportunity and Decent Minimums," *Philosophy and Public Affairs*, 14 (1985), 106–10.

Daniels, Norman, *Just Health Care* (New York: Cambridge University Press, 1985).

Deaton, Angus, "What does the Empirical Evidence Tell us about the Injustice of Health Inequalities?," in Nir Eyal, Samia Hurst, Ole Frithof Norheim, and Daniel Wikler (eds), *Inequalities in Health: Concepts, Measures and Ethics* (Oxford: Oxford University Press, 2013), 263–81.

Dworkin, Ronald, *Taking Rights Seriously* (Cambridge, MA: Harvard University Press, 1978).

Dworkin, Ronald, *Sovereign Virtue: The Theory and Practice of Equality* (Cambridge, MA: Harvard University Press, 2000).

Elster, Jon, *Local Justice: How Institutions Allocate Scarce Goods and Necessary Burdens* (New York: Russell Sage Foundation, 1993).

Enns, Peter K., "Relative Policy Support and Coincidental Representation," *Perspectives on Politics*, 13 (2015), 1053–64.

Enoch, David, Levi Specter, and Talia Fisher, "Statistical Evidence, Sensitivity, and the Legal Value of Knowledge," *Philosophy and Public Affairs*, 40 (2012), 197–224.

Feinberg, Joel, "Justice and Personal Desert," in *Doing and Deserving: Essays in the Theory of Responsibility* (Princeton: Princeton University Press, 1970).

Feinberg, Joel, "Noncomparative Justice," *Philosophical Review*, 83.3 (1974), 297–338.

Fishkin, Joseph, *Bottlenecks* (New York: Oxford University Press, 2014).

Frankfurt, Harry, "Equality as a Moral Ideal," *Ethics*, 98 (1987), 21–43.

Frankfurt, Harry, *On Inequality* (Princeton: Princeton University Press, 2015).

Freeman, Samuel, "Capitalism in the Classical and High Liberal Traditions," *Social Philosophy and Policy*, 28.2 (2011), 19–55.

Fried, Barbara, *The Progressive Assault on Laissez Faire: Robert Hale and the First Law and Economics Movement* (Cambridge, MA: Harvard University Press, 1998).

Friedman, Milton, *Capitalism and Freedom* (Chicago: University of Chicago Press, 1982).

Gaus, Gerald, *Social Philosophy* (Armonk, N.Y.: M. E. Sharp, 1999).

Gaus, Gerald, *The Order of Public Reason* (Cambridge: Cambridge University Press, 2011).

Gauthier, David, *Morals by Agreement* (Oxford: Oxford University Press, 1986).

Gilens, Martin, "Inequality and Democratic Responsiveness," *Public Opinion*

Quarterly, 69 (2005), 778–96.
Gilens, Martin, *Affluence and Influence* (Princeton: Princeton University Press, 2012).
Gilens, Martin, "The Insufficiency of 'Democracy by Coincidence': A Response to Peter K. Enns," *Perspectives on Politics*, 13 (2015), 1065–71.
Hacker, Jacob S., "The Institutional Foundations of Middle-Class Democracy," Policy Network; retrieved from <http://www.policy-network.net/pno_detail.aspx?ID=3998>.
Hale, Robert, "Coercion and Distribution in a Supposedly Non-Coercive State," *Political Science Quarterly*, 38 (1923), 470–94.
Hayek, F. A., *The Constitution of Liberty: The Definitive Edition* (Chicago: University of Chicago Press, 1960/2011).
Hayek, F. A., *Studies in Philosophy, Politics, and Economics* (Chicago: University of Chicago Press, 1967).
Julius, A. J., "Nagel's Atlas," *Philosophy and Public Affairs*, 34 (2006), 176–92.
Julius, A. J., "The Possibility of Exchange," *Politics, Philosophy, and Economics*, 12.4 (2013), 361–74.
Kamm, Frances, *Morality, Mortality*, vol. i. *Death and Whom to Save from it* (New York: Oxford University Press, 1993).
Kolodny, Niko, "Rule Over None II: Social Equality and the Justification of Democracy," *Philosophy and Public Affairs*, 42 (2014), 287–336.
Lareau, Annette, *Unequal Childhoods: Class, Race, and Family Life*, 2nd edn (Berkeley: University of California Press, 2011).
Mack, Eric, "The Natural Right of Property," *Social Philosophy and Policy*, 27 (2010), 53–78.
Mankiw, N. Gregory, "Spreading the Wealth around: Reflections Inspired by Joe the Plumber," *Eastern Economic Journal*, 36 (2010), 285–98.
Mankiw, N. Gregory, "Defending the One Percent," *Journal of Economic Perspectives*, 27.3 (2013), 21–34.
Marmot, Michael, *Status Syndrome: How your Social Standing Directly Affects your Health* (London: Bloomsbury, 2004).
Marmot, Michael, G. Rose, M. Shipley, and P. J. Hamilton, "Employment Grade and Coronary Heart Disease in British Civil Servants," *Journal of Epidemiology and Community Health*, 32 (1978) 244–9.
Marx, Karl, *Critique of the Gotha Program*, in *The Marx-Engels Reader*, ed. Robert C. Tucker, 2nd edn (New York: W. W. Norton, 1978).
Meiklejohn, Alexander, *Political Freedom* (New York: Harper & Row, 1965).
Miller, David, *Principles of Social Justice* (Cambridge, MA: Harvard University Press, 1999).
Mishel, Lawrence, and Alyssa Davis, "Top CEOs Make 300 Times More than

Typical Workers," Economic Policy Institute Issue Brief, 399; retrieved from <https://www.epi.org/publication/top-ceos-make-300-times-more-than-workers-pay-growth-surpasses-market-gains-and-the-rest-of-the-0-1-percent>.

Murphy, Liam, and Thomas Nagel, *The Myth of Ownership* (New York: Oxford University Press, 2002).

Nagel, Thomas, "The Policy of Preference," in *Mortal Questions* (New York: Cambridge University Press, 1979), 91–105.

Nagel, Thomas, *Equality and Partiality* (Oxford: Oxford University Press, 1991).

Nagel, Thomas, "The Problem of Global Justice," *Philosophy and Public Affairs*, 33 (2005), 113–47.

Nozick, Robert, *Anarchy, State, and Utopia* (New York: Basic Books, 1974).

O'Neill, Martin, "What Should Egalitarians Believe?," *Philosophy and Public Affairs*, 36 (2008), 119–56.

O'Neill, Martin, "The Facts of Inequality," *Journal of Moral Philosophy*, 7 (2010), 397–410.

O'Neill, Martin, and Thad Williamson, "The Promise of Predistribution," *Policy Network*, Sept. 28, 2012; retrieved from <http://www.policy-network.net/pno_detail.aspx?ID=4262&title=The+promise+of+pre-distribution>.

Paine, Thomas, *Agrarian Justice* (written 1795–6); retrieved from: <https://www.ssa.gov/history/paine4.html>.

Parfit, Derek, "Equality or Priority?," in Michael Clayton and Andrew Williams (eds), *The Ideal of Equality* (New York: Palgrave Macmillan, 2000), 81–125.

Peart, Sandra J., and David M. Levy (eds), *The Street Porter and the Philosopher: Conversations on Analytical Egalitariansim* (Ann Arbor: University of Michigan Press, 2008).

Pettit, Philip, *Republicanism: A Theory of Freedom and Government* (Oxford: Oxford University Press, 1999).

Pettit, Philip, *Just Freedom: A Moral Compass for a Complex World* (New York: W. W. Norton, 2014).

Piketty, Thomas, *Capital in the Twenty-First Century* (Cambridge, MA: Harvard University Press, 2014).

Piketty, Thomas, Emmanuel Saez, and Gabriel Zucman, "Distributional and National Accounts: Methods and Estimates for the United States." National Bureau of Economic Research Working Paper, 22945 (2016); retrieved from <http://www.nber.org/papers/w2294>.

Rawls, John, *A Theory of Justice* (Cambridge, MA: Harvard University Press, 1971; 2nd edn, 1991).

Raz, Joseph, *The Morality of Freedom* (New York: Oxford University Press, 1986).

Robertson, James, "The Future of Money: If We Want a Better Game of Life, We'll Have to Change the Scoring System," *Soundings*, 31 (2005), 118–32;

retrieved from <http://www.jamesrobertson.com/article/soundings31.pdf>.

Roosevelt Institute, "Defining Financialization"; retrieved from <http://rooseveltinstitute.org/defining-financialization>.

Rousseau, Jean-Jacques, *Discourse on the Origin of Inequality* (Indianapolis: Hackett Publishing Co., 1992).

Saez, Emmanuel, "Striking it Richer: The Evolution of Top Incomes in the United States (Updated with 2014 Preliminary Estimates)"; retrieved from: <https://eml.berkeley.edu/~saez/saez-UStopincomes-2014.pdf>.

Scanlon, T. M., "Freedom of Expression and Categories of Expression," *University of Pittsburgh Law Review*, 40 (1979), 519–50; reprinted in Scanlon, *The Difficulty of Tolerance* (Cambridge: Cambridge University Press, 2003), 84–112.

Scanlon, T. M., "The Significance of Choice," in Sterling M. McMurrin (ed.), *Tanner Lectures in Human Values*, vol. viii (Salt Lake City: University of Utah Press, 1988), 149–216.

Scanlon, T. M., *What we Owe to Each Other* (Cambridge, MA: Harvard University Press, 1998).

Scanlon, T. M., *Moral Dimensions: Permissibility, Meaning, and Blame* (Cambridge, MA: Harvard University Press, 2008).

Scanlon, T. M., "Giving Desert its Due," *Philosophical Explorations*, 16.2 (2013), 101–16.

Scanlon, T. M., "Responsibility and the Value of Choice," *Think*, 12 (2013), 9–16.

Scanlon, T. M., "Forms and Conditions of Responsibility," in Randolph Clarke, Michael McKenna, and Angela M. Smith (eds), *The Nature of Moral Responsibility* (New York: Oxford University Press, 2015), 89–111.

Scheffler, Samuel, "Justice and Desert in Liberal Theory," in *Boundaries and Allegiances* (Oxford: Oxford University Press, 2001), 173–96.

Scheffler, Samuel, "What is Egalitarianism?," *Philosophy and Public Affairs*, 31 (2003), 5–39.

Scheffler, Samuel, "Choice, Circumstance, and the Value of Equality," in *Equality and Tradition* (Oxford: Oxford University Press, 2010), 208–35.

Sen, Amartya, "Just Deserts," *New York Review of Books*, Mar. 4, 1982; retrieved from <http://www.nybooks.com/articles/1982/03/04/just-deserts>.

Sen, Amartya, "The Moral Standing of the Market," *Social Philosophy and Policy*, 2.2 (1985), 1–19.

Sen, Amartya, *Inequality Reexamined* (Cambridge, MA: Harvard University Press, 1992).

Shelby, Tommie, *Dark Ghettos: Injustice, Dissent, and Reform* (Cambridge, MA: Harvard University Press, 2016).

Sher, George, *Equality for Inegalitarians* (Cambridge: Cambridge University Press, 2014).

Skinner, Quentin, *Liberty Before Liberalism* (New York: Cambridge University Press, 1998).

Smith, Adam, *An Inquiry into the Nature of Causes of the Wealth of Nations* (London: Home University, 1910); retrieved from <https://www.washingtonpost.com/news/answer-sheet/wp/2014/12/21/heres-who-got-the-biggest-gates-foundation-education-grants-for-2014>.

Thomson, Judith, "Liability and Individualized Evidence," in Thomson, *Rights, Restitution and Risk*, ed. William Parent (Cambridge, MA: Harvard University Press, 1986), 225–50.

Tomasi, John, *Free Market Fairness* (Princeton: Princeton University Press, 2012).

Van Parjis, Philippe, "Why Surfers Should Be Fed: The Liberal Case for an Unconditional Basic Income," *Philosophy and Public Affairs*, 20 (1991), 101–31.

Van Parjis, Philippe, *Real Freedom for All: What (If Anything) Can Justify Capitalism?* (Oxford: Oxford University Press, 1998).

Westen, Peter, "The Empty Idea of Equality," *Harvard Law Review*, 95.3 (1982), 537–96.

Western, Bruce, and Jake Rosenfeld, "Unions, Norms, and the Rise in U.S. Wage Inequality," *American Sociological Review*, 76 (2011), 513–37.

Wilkinson, Richard, and Kate Pickett, *The Spirit Level: Why More Equal Societies Almost Always Do Better* (London: Penguin/Allen Lane, 2009).

Young, Michael, *The Rise of the Meritocracy* (New Brunswick, NJ: Transaction Publishers, 1994).

索 引

译后记

本书的主要框架来自托马斯·斯坎伦 1996 年的林德利讲座，题目为《对不平等的反驳的多样性》。那篇讲稿在 2003 年的时候又被斯坎伦收入《宽容之难》这本论文集中。自林德利讲座之后，斯坎伦不断为这个主题添加新的内容，并且以《平等何时重要？》为题多处发表演讲。这些内容经扩充和打磨后，最终形成了当下这本书。所以，实际上早在本书出版之前，斯坎伦关于平等的论述就已经产生了巨大的影响。例如，在《作为公平的正义》和《政治哲学史讲义》这两本书中，约翰·罗尔斯在讨论反对不平等的理由时，就基本沿用了斯坎伦所提出来的框架。此外，关系平等主义（又称“社会平等主义”）在最近十几年来的兴起也和斯坎伦的理论有很大的关系，在不少学者看来，斯坎伦正是关系平等主义的主要代表人物之一。

在本书中，斯坎伦把自己的平等观概括为“多元论的”和“关系性的”，前者意指我们有多种不同的理由来反对不平等，后者则指的是我们对不平等的关注应当着眼于人与人之间的关系。具体而言，斯坎伦重点讨论了六种反对不平等的理由，它们分别是：（1）不平等造成了令人羞辱的地位差异；（2）不平等导致富人对穷人拥有不可接受的控制权；（3）不平等破坏了经济上的机会平等；（4）不平等破坏了政治制度的公平；（5）政府有义务向一些人提供福利，但不平等违反了对这些人的利益的平等关切；（6）当下产生收入和财富不平等的经济制度是不公平的。正是基于这些反对不平等的理由，斯坎伦在本书中针对不少现实问题进行了深入的分析，并且给出了富有洞见的建议。

在本书的翻译过程中，许多师友为我提供了非常宝贵的帮助，在此我想向他们致以衷心的感谢。首先，如果不是张容南老师帮我联系出版方并主动提出担任审校人，我恐怕没有机会接手这本书的翻译工作。此外，张老师不仅对我的译稿提出了非常多有益的修改意见，而且还针对很多翻译细节和我进行了详细的讨论，这无疑使这本译作的质量得到了极大提升。我十分感谢张老师对此的付出，以及对我的指导和支持。

在我充分吸收了张容南老师的建议后，我的同窗好友兰超又主动帮我把这本译作的前五章进行了一次校对，并且提出了不少有益的改善意见。我感谢兰超的无私付出以及对我的译文的肯定。最后，针对本书部分术语和句子的翻译，我还向葛四友、郭昊航、林秀妮、马晨和田洁等师友请教过，我感谢他们不厌其烦地和我进行讨论，而且给我提供了很多有用的指导。我尤其想对葛四友老师表达特别的谢意，感谢他对我的翻译工作给予了不少支持和鼓励。

尽管对于我的第一本译著，我已经竭尽全力地改善它的译文质量，但限于时间和能力，错漏之处在所难免，希望读者不吝批评赐教。我的联系邮箱是：lupengjie@ruc.edu.cn。

陆鹏杰

2019 年 5 月，人大图书馆

见识丛书

科学 历史 思想

01《时间地图：大历史，130亿年前至今》 ［美］大卫·克里斯蒂安

02《太阳底下的新鲜事：20世纪人与环境的全球互动》

［美］约翰·R. 麦克尼尔

03《革命的年代：1789—1848》 ［英］艾瑞克·霍布斯鲍姆

04《资本的年代：1848—1875》 ［英］艾瑞克·霍布斯鲍姆

05《帝国的年代：1875—1914》 ［英］艾瑞克·霍布斯鲍姆

06《极端的年代：1914—1991》 ［英］艾瑞克·霍布斯鲍姆

07《守夜人的钟声：我们时代的危机和出路》 ［美］丽贝卡·D. 科斯塔

08《1913，一战前的世界》 ［英］查尔斯·埃默森

09《文明史：人类五千年文明的传承与交流》 ［法］费尔南·布罗代尔

10《基因传：众生之源》（平装+精装） ［美］悉达多·穆克吉

11《一万年的爆发：文明如何加速人类进化》

［美］格雷戈里·柯克伦 ［美］亨利·哈本丁

12《审问欧洲：二战时期的合作、抵抗与报复》 ［美］伊斯特万·迪克

13《哥伦布大交换：1492年以后的生物影响和文化冲击》

［美］艾尔弗雷德·W. 克罗斯比

14《从黎明到衰落：西方文化生活五百年，1500年至今》（平装+精装）

［美］雅克·巴尔赞

15《瘟疫与人》 ［美］威廉·麦克尼尔

16《西方的兴起：人类共同体史》 ［美］威廉·麦克尼尔

17《奥斯曼帝国的终结：战争、革命以及现代中东的诞生，1908—1923》

［美］西恩·麦克米金

18《科学的诞生：科学革命新史》（平装） ［美］戴维·伍顿

19《内战：观念中的历史》 ［美］大卫·阿米蒂奇

20《第五次开始》 ［美］罗伯特·L. 凯利

21《人类简史：从动物到上帝》（平装+精装） ［以色列］尤瓦尔·赫拉利

22《黑暗大陆：20 世纪的欧洲》 ［英］马克·马佐尔

23《现实主义者的乌托邦：如何建构一个理想世界》

［荷］鲁特格尔·布雷格曼

24《民粹主义大爆炸：经济大衰退如何改变美国和欧洲政治》

［美］约翰·朱迪斯

25《自私的基因（40 周年增订版）》（平装 + 精装） ［英］理查德·道金斯

26《权力与文化：日美战争 1941—1945》 ［美］入江昭

27《犹太文明：比较视野下的犹太历史》 ［以］S. N. 艾森斯塔特

28《技术垄断：文化向技术投降》 ［美］尼尔·波斯曼

29《从丹药到枪炮：世界史上的中国军事格局》 ［美］欧阳泰

30《起源：万物大历史》 ［美］大卫·克里斯蒂安

31《为什么不平等至关重要》 ［美］托马斯·斯坎伦

32《认知工具：文化进化心理学》 ［美］塞西莉亚·海斯

33《简明大历史》 ［美］大卫·克里斯蒂安 ［美］威廉·麦克尼尔 主编

34《专家之死：反智主义的盛行及其影响》 ［美］托马斯·M. 尼科尔斯

35《大历史与人类的未来（修订版）》 ［荷］弗雷德·斯皮尔

36《人性中的善良天使》 ［美］斯蒂芬·平克

37《历史性的体制——当下主义与时间经验》 ［法］弗朗索瓦·阿赫托戈

38《希罗多德的镜子》 ［法］弗朗索瓦·阿赫托戈

39《出发去希腊》 ［法］弗朗索瓦·阿赫托戈

40《灯塔工的值班室》 ［法］弗朗索瓦·阿赫托戈

41《从航海图到世界史：海上道路改变历史》 ［日］宫崎正胜

见识城邦 出品